Fantasy Devil Encyclopedia

幻想惡魔圖鑑

監修／健部伸明

譯者／王書銘

KANZEN

前言

「所謂惡魔，就是惡的人格化。」
道破此語者，傑佛瑞‧伯頓‧羅素（Jeffrey Burton Russell）是也。
人類是種非得將概念擬人化否則便難以理解的生物。

話說從頭，到底什麼是惡？惡與善有何不同？
其實稍加思索，就會知道自然界並無善惡。
龍捲風和洪水，均無惡意。若是如此，
那麼善惡的概念勢必就會是「某人」的單方面決定。
好比聖經說的「原罪＝惡」，那是來自於人類沒能遵守神的規定。
可是，如果我們把創造世界的唯一神比作「父親」、
將受創造的人類比作「孩子」的話，
那這肯定是孩子成長途中極其自然而尋常的叛逆期；
孩子非得完完全全按照父母心意去過活，其時代錯誤之為甚！

我等之所以感受到惡魔的魅力，恰恰是因為其中充斥著人性的煩惱，
使我們產生了感情移入。孰能無過？犯錯以後要怎麼做，才是問題。
所謂「原罪」斷無可赦，這樣的態度難道不是種傲慢嗎？

讀者諸君只消開卷展讀便不難發現，即便定義為惡魔的角色當中，
也不乏有性格其實並不邪惡，甚至反而頗為人類著想的心地善良者。
又或者是因為時空背景的變換，使得某些神祇被貶為惡魔。
當然了，所謂善惡其實是種相對性的概念。

話雖如此，也不能以惡魔「反正並不存在」輕視之。
因為「概念」的存在就等同於實際存在，
本著僥倖心理、玩票性質召喚惡魔之類的愚行更是極不可取。
同是有智慧生命體，怎麼也該心存敬意以待。

偉大的所羅門王哪，請看顧庇佑本書的所有讀者！
倘使本書能讓讀者諸君感受到豐富充實，哪怕只有一丁半點，
也將是筆者無上的榮幸！

2019年11月末日

監修者 健部伸明

CONTENTS

惡魔的基礎知識

奇幻作品經常將惡魔塑造成擁有強大力量的角色，
然其真實樣貌卻是鮮為人知，
因此我們首先必須學習掌握惡魔相關基礎知識。

何謂惡魔？

同樣都是「惡魔」，
真實樣貌卻是千差萬別！

　　日本所謂「惡魔」此語，與其說是專門指稱某種特定存在，其實大多還是作「招致某種厄事的壞東西」之類模糊的泛常概念使用。實際上也確是如此，從特定宗教的反派角色、民間故事講到的魔神惡靈一直到懷怨抱恨的亡靈等，諸多概念無不包羅在此一範疇之內。

　　這些惡魔來自於古代流傳至今的諸多信仰與宗教。不同的時代，惡魔是何樣貌也就會跟著不同。

　　不過惡魔緣何而生卻有個大致共通的模式，不外乎內外兩種起因：外在因素譬如疾病、災害、異族入侵等；內在因素則好比嫉妒、憤怒或是永無止盡的物欲和性慾。宗教的價值就在於維繫人們的心靈平安、穩定社會，所以惡魔也可以說是「象徵危害社會秩序的天災、犯罪等元凶的概念」。

　　不同信仰對惡魔有不同的看法，筆者將較具代表性的實例整理如下，以供參考。

神話、民間傳說的惡魔

　　包括神話裡與神敵對的惡神怪物、自然信仰中的邪惡精靈、民間傳說流傳的妖怪與惡靈等。彼等就本質而言並非絕對的惡，而是因為「是人類信奉之主要神祇的敵對者」、「不利於人類」等理由而被視為惡魔。

瑣羅亞斯德教[注1]與一神教的惡魔

　　瑣羅亞斯德教信奉善惡二元論，故惡魔是與善神為敵的絕對之惡，而基督教所謂的惡魔——墮天使同樣也是絕對的惡。猶太教的惡魔則大多是異教的神祇，而伊斯蘭教的惡魔雖然跟所謂的精靈鎮尼[注2]稍有不同，但兩者其實都是唯一神的手下，都是在為神考驗人類、給予試煉。

印度教與佛教的惡魔

　　印度教的惡魔阿修羅族其實是信徒絕跡、香火斷絕以後被打成反派的古神祇，至於夜叉和夜叉女等其他惡魔則是精靈或異民族的象徵。佛教有魔羅與天魔：魔羅是煩惱的象徵，天魔則會阻礙修行，兩者均是可以透過修行克服的角色。

魔法書與神祕學的惡魔

　　乃指自研究基督教惡魔的基督教惡魔學以下，諸多魔法書、神祕學領域所涉惡魔與魔神。除去原先的宗教意涵，他們又另外被賦予了負責掌管行星、星座、方位等概念的角色，因此這些惡魔也是人們在舉行儀式、唱誦咒文時透過召喚、差遣等手段藉以獲得某種利益的對象。

「惡魔」一語源自於佛教「魔羅」

如同本篇開頭所述，日本所謂「惡魔」一語涵蓋著形形色色的多種概念，但此語其實原是指稱印度惡魔「魔羅」的佛教用語。

佛教是誕生於印度的宗教。釋迦族王子悉達多深感人生苦痛無情，遂捨棄世俗地位精進修行，最後終於開悟得到成為佛教開宗祖，而當時對悉達多修行多所阻撓者，正是魔羅。後來佛教傳入中國，中國人將佛教教義由梵語翻譯成中文佛經，當時便創造了一個用語來指稱魔羅，此語正是「惡魔」。因此嚴格來說，日語所說的惡魔其實就是魔羅。

人類往往會借用已知概念去理解新的事物，也經常會讓單一詞語擁有複數的意涵。基督教傳入之際，人們將「Devil」、「Daemon」定位為妨礙信仰的角色，很自然地就直接借用原指魔羅的「惡魔」指稱這些新概念，所以其中諸魔王、諸惡靈也才跟著變成了「惡魔」。

魔羅　　▶ P.106

「Devil」和「Daemon」的差別與語源

英語的「Devil」和「Daemon/Demon」均指擁有魔性的存在，兩者只是在字詞的形成過程與意義上有稍許差異。進入正題之前，我們先來簡單看看基督教傳教散播的進程。

基督教誕生於東方，途經希臘流傳散播至西歐世界。聖經亦如是，原本的希伯來語先是翻譯成希臘語，其間經過天主教會的官方語言拉丁語，然後才有各國語言的譯本。

有鑑於此，旬信「Devil」和「Daemon」均是希臘語的衍生。首先我們來看看「Devil」這個字，此字源自希臘語指稱惡魔或撒旦的「Diabolos」。

英語的「The Devil」指的就是撒旦，而後來撒旦的名字也成為了惡魔的同義語，往往也能單以「Devil」來指稱撒旦。又由於撒旦亦在其範疇之內，「Devil」在日本也有惡魔之王「魔王」的意思。

另一方面，「Daemon」是源自希臘語的「Daimon」。「Daimon」有「低階神祇或英雄之靈」，抑或是「具備善與惡兩種性質、介於諸神與凡人的中間性存在」的意思。日本亦可譯作神靈或精靈等，而「Daemon」除惡魔以外也確實有惡靈和魔神的意思。

奇幻作品經常將Devil定位為高階惡魔、將Demon定位為低階惡魔，這種分類也確實反映了各自的由來，其實是確有道理的。

遭貶為惡魔的墮天使

墮天使是因為某種宗教需要而生的產物

　　猶太教、基督教和伊斯蘭教之間關係密切，三者都說全能的唯一神是絕對的存在，是世界的創造主。只是倘使如此，則異教諸神和惡魔等也是神的造物，自然也就必須說明為何有這些概念存在。墮天使的概念，便是誕生自此。「神創造的天使當中有一部分掀起叛變，落入地獄成了惡魔。異教諸神便也正是這些惡魔。」因為這些緣故，墮天使主要都是出現在《以諾書》等偽經。此外猶太教和伊斯蘭教在這方面又跟基督教稍有出入，尤其伊斯蘭教曾經明確指為墮天使的，竟然只有易卜劣廝一名而已。

基督教

以撒旦為首的
主要墮天使都來自基督教

路西法　　　　▶　　P.16

基督教與新約聖經孕育的眾多墮天使

基督教的所有惡魔都是墮天使，所以數量極多。西元5世紀先有「七宗罪」的設定，然後隨著路西法、撒旦、利維坦、瑪門等惡魔根據聖經記載內容分別對應至各宗大罪，這些惡魔也被定義成為了魔王。至於墮天這個極富衝擊性而感傷的主題，則是受到《神曲》、《失樂園》、《浮士德》等文學作品的採納，從而廣為西洋世界所知。

瑪門　　　　▶　　P.18

猶太教

猶太教的墮天使潛伏存在於正典以外的經典

因為與人類交合而墮天的守護天使「神之子」

猶太教將異教神祇定義為「偽神」，卻並沒有要把他們變成墮天使。《舊約聖經》和《死海古卷》曾經多次提到彼列，偽經《以諾書》也記載到墮天以後以桑哈札為首的守護天使「神之子」（Grigori）。

桑哈札　▶ P.38

伊斯蘭教

視同於路西法的易卜劣廝，是伊斯蘭教唯一的墮天使

被打成惡魔的鎮尼精靈頭目

阿拉伯文化圈自古便有精靈鎮尼信仰流傳，伊斯蘭教則將惡的鎮尼視作惡魔，而這群惡魔的魁首頭目，便是易卜劣廝。易卜劣廝拒絕跪拜神創造的阿丹，從而觸怒了神。易卜劣廝一般視同於基督教的路西法，因此他也可以說是伊斯蘭教唯一的墮天使。

易卜劣廝　▶ P.48

其他

所羅門王等其他魔法書中的墮天使

其他魔法書所述墮天使

中世紀後半期以後始有諸多魔法書問世，其中尤以《惡魔的偽王國》以及《雷蒙蓋頓》的第一部《哥耶提雅》最為著名。正典中記載所羅門王屈服於魔神崇拜信仰，魔法書卻反說所羅門王可憑藉神的力量任意支配控制諸魔神。

亞斯她錄　▶ P.64

此類惡魔多是受
一神教貶抑而來

大部分一神教只承認唯一神及其使者，其他權威概不承認。

猶太教便將異教諸神視作「偽神」說明。

基督教卻是將異教諸神全部貶為惡魔。從基督教誕生地地中海東岸的神祇巴力，到迦南神話的大袞、西奈半島信奉的摩洛，還有美索不達米亞地區的冥界之神尼格，簡直是不勝枚舉。

印度神祇提婆去到波斯（今伊朗）以後被打成惡魔提婆（或稱德弗），也發生了同樣的逆轉現象。諸多事例，不禁引人思考惡魔的本質究竟為何。

美索不達米亞

神名一字不改直接被打成惡魔的尼格的故鄉

尼格　▶ P.66

遭新興一神教貶為惡魔的
眾多古代至高神

美索不達米亞神話幾乎全盤均是以波斯人神話為基底。即便阿卡德和巴比倫等重大勢力前後橫空出世，諸神的形象和性質仍然維持原樣不曾變化，其中尼格、尼斯洛、亞斯她錄等堪為代表。然而這些神明卻遭到同樣來自中近東地區的猶太教排斥，從此落入惡魔一流。

尼斯洛　▶ P.70

地中海東岸

與撒旦齊名的大惡魔
別西卜誕生地

從巴力神變成
惡魔別西卜

地中海東岸地區古稱腓尼基，內陸約旦河與死海所挾地區則稱迦南，而巴力便是以迦南為中心、受到周邊廣大地區信仰的古神明。與撒旦齊名的大惡魔別西卜便是誕生自這位巴力。此地還另有大衰，也很有名。

別西卜　▶　P.26

埃及神話

以《惡魔人》聞名的阿蒙便是
來自埃及的阿蒙·拉

揉合鳥獸與人類的形象
恰恰正是惡魔的模樣

古埃及眾神許多都是鳥頭或獸頭人身的模樣。看在歐洲人眼裡，這些神跟牛頭人身彌諾陶洛斯一樣活像個怪物，將彼等斥為惡魔可以說是理所當然。由埃及神明衍生的眾多惡魔當中，曾經在漫畫《惡魔人》裡登場的阿蒙在日本也很有名。

阿蒙　▶　P.60

印度/波斯神話

神魔互換的相鄰兩地

戰鬥力時或凌駕於
神明的善戰惡魔

印度有羅剎和夜叉等魔物，其中最強的則當屬阿修羅，甚至還偶聞有強大的阿修羅王現世可以威脅到提婆（諸神）。另一方面，瑣羅亞斯德教(注1)的至高神叫作阿胡拉‧馬茲達；從名字的類似性便可以猜想到，此神其實正是阿修羅。這可以說是換了地方以後神魔定位就跟著對調的最佳例子。

蘇姆婆　▶　P.112

未經基督教吞噬吸收
而得以流傳的惡魔

　　早在基督教和印度教之類明確的宗教誕生以前，世界各地本就有相信萬物有靈的泛靈信仰存在，而這些精靈信仰自然也衍生形成了許多民間傳說。在基督教、尤其是天主教會影響力特別強的地區，這些民間傳說大多數都逐漸散佚遭到遺忘，但也有極少數如美索不達米亞的帕祖祖等例外得以流傳下來。

　　至於俄羅斯與東歐等斯拉夫文化圈，則是有許多跟日本妖怪頗為類似的精靈口耳流傳。基督教諸多體系當中，在受到天主教會影響較少、受東正教影響較多的地區，此類民間傳說並未絕跡，反而保留了下來。俄語的「Дьявол」相當於英語的「devil」，而此前當地既有的秋爾特、貝斯等魔物也就直接成為惡魔概念的載體。除此以外，還有棲息於水邊的羅莎卡、出沒在田裡的波露得妮查等近乎惡靈的妖怪，本書190~197頁就有介紹。

芭芭雅嘎

芭芭雅嘎類似於日本的山姥，常見於俄羅斯等斯拉夫文化圈傳說。另外還有秋爾特和羅莎卡等許多類似惡魔的角色。

帕祖祖　　▶　　P.92

薩凡　　▶　　P.50

魔法書眾多
原創的惡魔

　　所謂魔法書（Grimoire），大都是教人如何透過召喚惡魔或天使藉以達到某種目的的書籍。書中記載了各種必須知識，包括魔法圓陣的圖案、要準備什麼道具、咒文咒語以及儀式的流程順序等。當然也有些講述惡魔學的書，抑或是記載魔法知識的書籍，這些其實也可以稱呼叫作魔法書。

　　魔法書約莫是在西元13世紀開始紛紛問世。尤其當時因為諸多複雜因素交加致使社會動盪不安、獵巫活動方興未艾，人們覺得有必要對惡魔和女巫有更深一步的瞭解，促使惡魔學愈見興盛，遂有異端審問官等相關從業人士留下諸多著作。魔法書的數量隨著這股浪潮持續高漲，直到17世紀獵巫活動終於沒落以後，卻又有神祕學領域的魔法書再領風騷。

　　這些魔法書當中記載的大多是獨一無二的原創惡魔，少有世人皆知的通泛角色，不過其中卻也不乏有菲尼克斯這種擷採普世聞名火鳥概念的惡魔。

阿斯摩丟斯

普朗西《地獄辭典》所繪阿斯摩丟斯。本書插畫極富衝擊性，對近現代的惡魔觀造成了極大影響。

馬可西亞斯　▶　P.134

菲尼克斯　▶　P.136

許多文學作品尚未問世以前惡魔相關情報來源極為有限

　　紙張在歐洲直到15世紀才開始普及，此前的書均是使用羊皮紙手抄錄寫製成，價格不菲。而且從前天主教會權傾西歐，很少有聖經故事以外題材的一般書籍能夠成書。要說這個時代的民眾有什麼機會能夠接觸到惡魔，頂多也只有教堂的彩繪玻璃或者濕壁畫而已，即便想要在腦海中描繪惡魔的模樣，情報來源也相當有限。

　　12世紀紙張傳入歐洲，法國與義大利始有製紙業出現；14世紀初但丁的《神曲》問世，廣受上流社會好評。其後15世紀中葉，活版印刷出現在德國，從此書籍可以大量生產、流通也就變得更加方便容易。

　　17世紀中葉，密爾頓以舊約聖經《創世記》為題材創作《失樂園》；當時紙張與印刷技術已經普及，後來更有約翰・班揚的《天路歷程》和歌德的《浮士德》等作品出現，再再影響著人們心目中的惡魔形象。

著名的童話故事亦有惡魔登場

　　18世紀末期，歐洲吹起蒐羅自古流傳諸多民謠與故事的風潮，其中最具代表性的當屬舉世聞名的《格林童話》。收錄作品當中亦不乏有惡魔登場的故事，例如著名的「名字古怪的小矮人」便是如此。

　　故事講述不擅紡絲的女主角佯作擅長並嫁給了王子，後來卻因此陷入窘境。此時就有個小矮人出現表示可以代為紡絲，條件是主角必須在限時內猜對自己的名字，萬一猜錯的話則主角便要歸小矮人所有。故事裡寫的雖然是「小矮人」，不過歐洲素來有「猜猜惡魔的名字」的成俗，而且除此以外還有好幾個類似的故事，因此我們大可以把這作品中的小矮人視為某種惡魔。

惡魔所繪插畫

飛行中的地獄惡魔

法國畫家古斯塔夫・多雷所繪《神曲》惡魔馬納勃郎西。此類蝠翼有尾的模樣，便隨著《神曲》的普及而逐漸成為惡魔的固定形象。

「名字古怪的小矮人」一景。許多童話經常有小矮人登場，其中固然不乏「白雪公主」那樣活潑開朗的矮人，相對地也有些近乎惡魔的小矮人。

本書的惡魔分類

諸多惡魔無論出身由來抑或角色形象均是各不相同。
本書且將惡魔分作「七宗罪」、「墮天使」、「魔神」、
「惡靈」、「哥耶提雅」五個種類分別介紹。

分別對應於天主教會制定之七宗罪的七名惡魔。此類惡魔以路西法、撒旦為首，屬於力量特別強大的一群。

因為諸多事端被逐出天界、從天使淪落成為惡魔。大多數都是基督教的墮天使，其中卻也有少數猶太教與伊斯蘭教的墮天使。

原本是神，後來被打成惡魔的角色。許多是來自中近東地區的惡魔，其他則也有諾斯替教^(注3)的惡魔等其他惡魔。

墮天使

魔　神

精靈信仰的邪惡精靈，以及瑣羅亞斯德教^(注1)、印度神話等信仰的惡魔。跟墮天使與魔神類的惡魔相較之下，此類惡魔大多比較特別。

「哥耶提雅」此語原是以希臘語行使魔法召喚之際叫喚聲的音譯，後來語意一轉變成指稱可受召喚魔神精靈的用語，最後甚至還成了魔法書的作品題名。

惡　靈

哥耶提雅

惡魔解說頁之圖例

❶	圖標	代表惡魔的編號與圖標。共分「七宗罪」、「墮天使」、「魔神」、「惡靈」、「哥耶提雅」五種。分類依據詳請參照P.13
❷	名字 & 其他資訊	惡魔的名字。有些惡魔在不同國家或地區會有不同的稱呼。記載惡魔各自掌管何等罪行，或者印記紋章的圖案。
❸	插畫	描繪該惡魔形象的插畫。
	名字的意義‧由來	惡魔名字的涵意與由來。
	出典	惡魔登場的神話、傳說、文獻等。
❹	流傳地區	惡魔的流傳國家或地區。
	能力	記載惡魔能力並予解說。設定「力量」、「防禦力」、「生命力」、「魔力」、「智力」、「速度」六個象限，各項各以十階區分代表能力值高低。
❺	解說	惡魔的解說。就惡魔登場的神話、傳說以及外觀特徵、武器、逸聞等進行說明。
❻	STRONG POINT	介紹惡魔的強項。
	WEAK POINT	介紹惡魔的弱點。
❼	COLUMN	記載惡魔相關小知識的專欄。
❽	惡魔之戰	假設惡魔和其他惡魔捉對廝殺，戰況將如何展開變化，區分勝敗之關鍵點何在。特別挑選戰況可能比較有可看性的對手安排對戰。

第一章

七宗罪

Fantasy Devil Encyclopedia

七宗罪

No.01

Lucifer

路西法【傲慢】

名字的意義・由來 | 光之使者

▶▶ 出　典 |
《以賽亞書》

▶▶ 流傳地區 |
以色列

▶▶ 能　力 |
路西法是墮天使之
首，同時也具備足
堪向唯一神掀起
叛變的雄厚實力，
尤其無窮湧出的魔
力和深不可測的睿
智，絕非其他惡魔
可以比肩。

速度 9　　7 力量

智力 9　　　　防禦力 8

魔力 10　生命力 8

　繪者：森野ヒロ

以自我意志背叛神的大天使

除基督教以外，天主教與新教徒更特別將路西法視為墮天使的領袖，視為是最強最大的惡魔。所謂「路西法」其實是英語讀音，拉丁語卻是唸作「路奇費爾」，日本也經常寫作「路西費爾」。旬信「路西法就是魔王撒旦，路西法是墮天以前的名字」，但有些時候也會如七宗罪這般，將路西法和撒旦並列為兩個不同的角色。路西法本來是位擁有六隻翅膀（一說是十二隻）的最美麗的天使長，可是他背叛了唯一神，並率領三分之一的天使變成了神的敵對者。至於他決定背叛的理由可謂諸說紛紜，包括他覬覦神的地位，或是他拒絕神的命令不願向亞當跪拜等。其次，從未有任何記錄指出路西法曾經與人類有過任何直接接觸。他最大的罪衍便是背叛創造主，所以是司掌「傲慢」的主宰。

STRONG POINT
超群絕倫的領袖魅力

路西法的最大武器便是他的領袖魅力。即便眾多天使都是神最忠實的僕從，也有三分之一選擇跟隨路西法叛變，可謂直接體現了他的驚人魅力。

WEAK POINT
整體來說並無弱點

路西法身為唯一神的最高傑作並無弱點，但勉強要說的話，他的弱點有可能會冰，因為『神曲』說路西法被囚在地獄深處的冰牢裡，動彈不得。

COLUMN

隨著翻譯
而聞名世界

聖經裡本來並未記載到路西法此名，後來《以賽亞書》14章12節「明亮之星，早晨之子啊，你何竟從天墜落？」翻譯成古拉丁語當時，卻將希伯來語意為「發亮者」的 לליה（helel）翻譯成了拉丁語的「Lucifer」，也就是「帶光者」的意思，從而為日後的大惡魔定了名。

路西法的光擊退黑暗之龍
VS 阿日・達哈卡
(P.104)

路西法曾是最強的天使，這廂阿日・達哈卡則是暗黑神神力的化身。雙方均擁有深不見底的無窮魔力，可以預見將會有場魔法狂轟猛炸的大場面對決。然則，想來應該還是路西法贏面較大。以光為名的路西法即便成了墮天使其光之力猶在，應該能打趴一大班惡魔。

17

瑪門【強欲】

Mammon

▶ 名字的意義・由來 | 財富／財寶

▶ 出　典
《馬太福音》
《路加福音》等

▶ 能　力
瑪門往往給人看重
錢財、斤斤計較的
強烈印象，但瑪門
畢竟是跟路西法、
別西卜齊名的大惡
魔，潛力可是不容
小覷。

▶ 流傳地區
歐洲等地

速度　8
力量　4
防禦力　4
智力　10
魔力　9
生命力　7

繪者：米谷尚展

自「財富」衍生的強欲惡魔

瑪門主宰基督教「七宗罪」當中的「強欲」，象徵「以不正當手段獲得的財富」。亦作「Mamon」、「Maymon」。新約聖經對其並無具體記載，不過瑪門在基督教普及的中世紀時期便已經被視為惡魔了。瑪門經常被畫成鳥頭（有時候甚至有兩顆頭）人身的模樣，這是受到了名字相似的另一名惡魔阿蒙（Amon）的影響。密爾頓的《失樂園》說瑪門本是天使，卻唯獨只對錢感興趣，就連跟路西法一起被打落地獄以後，他還是到處找尋財寶裝飾他的惡魔的偽王國。據說人類挖掘金礦的技術便是瑪門所授，他會想方設法讓人執著於錢財並且墮落。資本主義國家恰恰可以說是瑪門的僕從奴隸。

STRONG POINT
利用金錢的狡猾老獪

瑪門善於利用金錢操弄他人使其墮落，可以說是十足的惡魔行徑。人類或是擁有類似情感的物種，想必都很難戰勝瑪門的誘惑。

WEAK POINT
只要戰勝欲望便並不可怕

除了利用財富誘惑以外瑪門並無其他特殊能力，腕力臂力其實也並不怎麼起眼。碰上對財富不感興趣的惡魔，大概就是一面倒的場面。

COLUMN

金錢惡魔誕生的來龍去脈

構成新約聖經的其中一部經典《馬太福音》曾經寫到「你們不能又事奉神，又事奉瑪門（財利）」，這段文字解釋為「不可執著於金錢」。可是時至後世，瑪門逐漸變作「以不正當手段獲得的骯髒錢（財富）」解釋，最終才人格化形成這個惡魔瑪門。

以財貨設計陷害
VS 桑哈札
(P.38)

瑪門最擅長的財富誘惑，面對惡魔能發揮多大作用固然不得而知，但若面對的是桑哈札這種不堪美女誘惑、擁有頗似人類情感的對手，其伎倆或許可以收效也未可知。又或者瑪門也可以用他的拿手好戲收買女子，讓她們給桑哈札下套。

Leviathan

利維坦【嫉妒】

▶▶ 名字的意義·由來 ┃ 漩渦

▶▶ 出 典 ┃
《約伯記》

▶▶ 流傳地區 ┃
以色列

▶▶ 能 力 ┃
利維坦的本質恰如
外貌，是屬於物理
型的惡魔。密密麻
麻的堅固鱗片遍佈
周身足以彈開任何
攻擊。利維坦畢竟
也是大惡魔等級，
魔力與智力同樣也
是一流的。

速度 6

力量 9

智力 7

防禦力 10

魔力 7

生命力 8

繪者：合間太郎

主宰地獄之海的凶惡大元帥

利維坦是首見於舊約聖經《約伯記》等文獻的巨大海怪。拉丁語讀作「利維坦」，但有時或許反而以英語讀音「力威亞探」較為人熟知。利維坦是唯一神在創造天地的第五日創造的生物，當初本是雌雄一對，然其性情狂暴非常，於是神便殺了雄獸避免繁殖。許多人説他模樣長得像魚像鯨魚，又或者像鱷魚、蛇甚至是龍，共通不變的是眾人都説利維坦滿口利齒能吐火焰，遍體長滿極堅硬的鱗片，只消一划便足以使海水逆流捲成漩渦。利維坦在中世以後逐漸獲得僅次於撒旦、別西卜的大惡魔地位，除主司「嫉妬」以外，他更是水的主宰者，是地獄偉大的海軍元帥。另外利維坦還是個大騙子，經常附身於旅行者身上傳授誆騙他人與詐欺的方法。

STRONG POINT
超常的龐然巨體與操縱水的力量

光是滿佈厚重鱗甲的龐然巨體便足以壓倒敵人，遑論體內蘊藏足以蹂躪萬物的巨力。可以任意操縱水的能力，更能夠在海戰當中發揮難以匹敵的戰力。

WEAK POINT
在陸地上實力難有發揮

利維坦的巨體在海中堪稱無敵，來到陸地上卻反成枷鎖。他固然可以變身成人類或半人半魔的模樣，可是戰鬥力也要大打折扣。

COLUMN

唯一神創造的
陸海空三頭怪物

除了利維坦以外，唯一神在創造天地時還另外創造了兩頭巨大生物。首先是貝西貘斯。利維坦是最強的海洋生物，貝西貘斯則是譽為最高等的陸地生物。貝西貘斯屬草食性、性情溫厚，不過中世紀以後仍然有人將其視為惡魔。另一個則是猶太教傳說亦曾提及的巨鳥席茲，是天空的象徵。但由於聖經並無記載，使得席茲經常被排除在外。

憑藉巨體巨力壓垮敵人

VS 大袞
(P.74)

這是場水系惡魔的對決。論力量論體格肯定是利維坦勝出，只消正面迎戰便能予以擊潰獲得壓倒性勝利，但是大袞的魔力也不是好惹的，而且大袞還能武裝。若能夠迂迴插入利維坦腹背，一箭致勝也是很有可能的。

撒旦【憤怒】

Satan

▶▶ 名字的意義・由來 ｜敵對者／妨礙者

▶▶ 出　典
《創世記》、《約翰的啟示錄》等
諸文獻

▶▶ 流傳地區
以色列

▶▶ 能　力
撒旦堪稱惡魔的
大頭目，能力值高
可說是理所當然。
但畢竟他從前對陣
眾天使時曾經落
敗，可見其直接戰
鬥能力並非如同其
他能力值那般高到
破表。

速度 9
力量 8
防禦力 7
生命力 8
魔力 9
智力 10

22　　　繪者：池田正輝

以魁首之姿君臨惡魔界

撒旦此語現如今已經成為「惡魔」代名詞，同時也是統率眾惡魔的主宰者。這名魔王主宰「憤怒」，無時不在引誘唯一神的信徒，誘使彼等犯罪。一說慫恿亞當夏娃犯罪、使兩人被逐出樂園的那隻蛇，便是撒旦所化。事實上，撒旦是直到基督教成立以後才成為惡魔的代名詞，至於所謂魔王的性格定位也是受到後世神學家與諸多創作作品影響方才使然。舊約聖經說撒旦是「神的命令」的代行者、負責對人類加以試煉，對他少有負面描述。有沒有可能撒旦並非墮天使，而是像警匪片裡邊潛入黑社會的臥底警察那般，其實真正身分是位天使，卻也很難說得準。

STRONG POINT
絕對的領袖魅力

撒旦能以魁首身分凌駕魔界諸多惡魔，除他自身力量強大以外，更是因為他雖然屬惡，卻擁有難以抵擋的魅力。

WEAK POINT
正面衝突則稍有遜色

撒旦從前敗給了大天使米迦勒，可見若是純粹的較力，撒旦並非最強。

COLUMN

「撒旦」稱號

一說「撒旦」並非固定角色，而是受命於神、對人類加以試煉的天使「職銜」，抑或是惡魔頭領的稱號。其中最有名的當屬路西法，也就是說路西法是其固有名字，而撒旦則為其職銜名。其他像別西卜、阿撒瀉勒、撒末爾、莫斯提馬等大惡魔，也往往都被視同於撒旦。

排兵佈陣指揮惡魔軍團
安格拉·曼紐
(P.96)

這是場各自率領麾下低階惡魔對戰的兩強對決。能不斷生出惡魔爪牙的安格拉·曼紐固然佔到某方面優勢，但有「最智慧天使」美譽的撒旦畢竟還是更勝一籌。只要戰略安排得宜，善加運用調動兵勢的質與量，撒旦便勝利在望。

No.05

Asmodeus

阿斯摩丟斯【色慾】

繪者：月岡ケル

24

▷▷ 名字的意義・由來 | 裁斷之靈？

▷▷ 出典
《多比傳》、《哥耶提雅》等

▷▷ 流傳地區
以色列

| 地位 ▶ 王 |
| 軍團數 ▶ 72 |

▷▷ 能力
除惡魔固有的狡猾以外，阿斯摩丟斯還擁有豐富的天文學等知識。一說阿斯摩丟斯源自凶暴的惡魔艾什瑪（注4），若真是如此，其格鬥能力想必極高。

速度 8　　力量 10

智力 9　　防禦力 5

魔力 8　　生命力 8

利用性慾使人墮落

阿斯摩丟斯乃是主掌七宗罪當中「色慾」的惡魔，同時也是從前所羅門王召喚差遣的魔神之一。身為色慾惡魔，讓夫妻床事泡湯、慾恿丈夫偷吃或使人性生活不檢點，是他的拿手好戲。此外他還會誘惑人沉溺於飲酒賭博等娛樂。阿斯摩丟斯乃是瑣羅亞斯德教^(注1)的凶暴惡魔艾什瑪，加上語尾詞「deus」所形成。魔法書《哥耶提雅》說他左肩右肩各有一個公牛頭和公羊頭，乃是一名蛇尾鵝足的男子模樣，持槍騎龍、能吐火焰。阿斯摩丟斯通曉天文學、幾何學、手工藝，是寶物的守護者，若能以正確方法召喚之，便能得其傳授諸多學問知識，甚至得知寶物下落。

STRONG POINT
附身偽裝暗中刺殺

不光是引人墮落，阿斯摩丟斯還擅長附身偽裝攻擊他人。這招用得巧妙，便能有效地先發制人。

WEAK POINT
天使傳授的驅魔煙

從前大天使拉斐爾教人類用「烤魚的燻煙」對付阿斯摩丟斯使其逃竄，落得被捕受縛的醜態。

COLUMN

附身控制他人
身體連續殺人

舊約聖經外典《多比傳》記載到，阿斯摩丟斯從前附身在一名叫作撒拉的女性身上，趁著結婚的初夜前前後後絞殺了多達七名男性。第八名男子獲得大天使拉斐爾指點「把魚內臟丟進香爐燻蒸」，阿斯摩丟斯不耐其臭味而脫離薩拉身體，從波斯一路逃往埃及，最後才在埃及成擒被囚。

面對色慾誘惑，便是惡魔也要毀滅
阿撒瀉勒
(P.36)

阿撒瀉勒本來就拿人類女性沒輒，因此擁有性墮落魔力的阿斯摩丟斯堪稱為其天敵。就算其魔力不能動搖阿撒瀉勒本身，阿斯摩丟斯也能催動周遭女性誘惑，趁阿撒瀉勒鬆懈防備，一擊得勝並非難事。

別西卜【暴食】

Beelzebub

七宗罪 №.06

▶▶ **名字的意義・由來** | 高邸之主／蒼蠅王／糞山之王

▶▶ **出　典** |
《列王紀》

▶▶ **流傳地區** |
以色列

▶▶ **能　力** |
別西卜能擠身基
督教三大惡魔之
列，能力值想當然
是最高等級。身為
蒼蠅王，強韌生
命力以及目不暇給
的飛行速度為其最
大特徵。

速度 10
力量 7
防禦力 6
生命力 8
魔力 9
智力 9

26　　繪者：森野ヒロ

不淨蠅蟲的統率者

別西卜可是與路西法齊名，實力凌駕撒旦的最強惡魔。「七宗罪」當中，別西卜執掌的是「暴食」。別西卜亦名別西巴卜、別西卜耳，法語則讀作別西畢特。其名在希伯來語裡面是「蒼蠅王」、「(蒼蠅叢生的)糞山之王」的意思，故近代多以蒼蠅為主題表徵之，但其實別西卜的樣貌變化多端，時則是巨體全身漆黑、頭頂雙角、蝙蝠翅膀獅子尾巴鴨子腳的怪物模樣，

有時反而卻是威風凜凜的賢明君王形象。別西卜雖以接收神諭、保護作物免受蠅害等異能而聞名，但切不可忘記這名惡魔最愛用各種手段唆使人犯罪、步向毀滅。

STRONG POINT
操縱蠅蟲散佈災厄

別西卜的最大武器，始終還是操縱蒼蠅的能力。蒼蠅是疾病的媒介，亦即死亡與穢厄的傳遞者。任誰也不能躲過蠅群無數湧出的尾隨騷擾。

WEAK POINT
面對神聖力量略顯棘手

據說別西卜曾經附身於人類，後來遭到聖餅驅逐。或許稱不上是弱點，但別西卜面對神聖力量似乎有點心理障礙。

COLUMN

遭貶抑的
非利士人(注5)豐饒神

別西卜原名巴力西布，是「高邸之主」、「至高的王」的意思。這是非利士人對最高神祇巴力(注6)的尊稱，前述別西卜代授神諭的異能便是巴力遺俗，可是希伯來人(猶太教徒)排斥異教、將其貶為邪神，把「西布」(高位)改成了「西卜」(蠅)寫進舊約聖經《列王紀》。另外新約聖經也把他寫作是「惡魔的頭領」，這才成了惡魔。

駭人魔力的碰撞激盪

VS 彼列
(P.44)

面對最強等級的惡魔彼列，戰事一觸即發！別西卜使的是詛咒和蠅蟲病魔，這廂彼列則以火焰魔力抗衡。戰局基本上是五五開、勝負難料，細究則或許別西卜略佔優勢。若能以火焰將無限湧現的蠅蟲全數驅逐，則彼列亦不乏勝機。

27

Belphegor

貝耳非高爾【怠惰】

▶▶ 名字的意義・由來 ｜ 毘珥山的主神

▶▶ 出典 ｜
《民數記》

▶▶ 流傳地區 ｜
以色列

▶▶ 能力 ｜
其直接戰鬥能力如
何不得而知，不過
貝爾非高爾擅長使
人陷入猜疑與怠
惰，從降低鬥志
著手削弱敵人可是
這名惡魔的拿手好
戲。

8
速度

6
力量

智力
9

防禦力
8

魔力
10

生命力
8

繪者：合間太郎

安坐馬桶的惡魔

世間惡魔本已經是形形色色，主宰「七宗罪」當中「怠惰」的貝耳非高爾更是獨樹一幟。普朗西《地獄辭典》將其畫成一名坐在洋式馬桶上的醜陋雙角惡魔，這似乎是因為猶太教傳說這名惡魔「喜歡便器與排泄物」的緣故。其實論其起源，貝耳非高爾本是約旦西部摩押人[注7]的性愛之神「毘珥的巴力Baal-Peor」（毘珥山的主神）。根據舊約聖經《民數記》記載，他的女信徒（或曰毘珥巴力自己的化身）從前曾經誘惑以色列人一起食用獻祭的食物，使他們改信叛教。上帝盛怒之下施放出疾病，直到後來摩西等人殺死叛教者好不容易平息上帝怒火時，已有2萬4千人喪命。

STRONG POINT
陷人於怠墮

無論如何鬥志昂揚的對手，活用貝耳非高爾的能力便能令其怠墮、無法再戰。

WEAK POINT
無法相信他人

貝耳非高爾為解決「世間真有幸福的婚姻生活嗎？」[注8]的疑問而觀察了好幾對夫妻，結果見識到人性醜陋面從而使他對人失去了信心。

COLUMN

法國人與貝耳非高爾

法國有個傳說指「貝耳非高爾受地獄派遣而來，棲息於羅浮宮美術館」。根據這則都市傳說，1927年先有電影《Belphegor》問世，1964年還有齣名為《誰是貝耳非高爾Belphegor ou le Phantom du Louvre》的電視影集。所以從某個角度來說，貝耳非高爾跟「鐘樓怪人」雙方其實是角逐曝光率的競爭關係。

誰才是真正的好色？
阿斯摩丟斯
(P.24)

這是場誰更能使人類在性事方面放縱不檢點的對決。阿斯摩丟斯乃以色慾能力名列七宗罪，故其性愛能力自然佔優，可貝耳非高爾若能以怠惰能力妨礙之，也有可能扭轉局勢。

Devil Battle 1
惡魔之戰

頂尖對決一觸即發！
唯一神最高傑作墮天使路西法與蒼蠅王別西卜的地獄王座之爭！
雙方魔力均是無窮無盡，戰況激烈直至地獄都為之震動！

背叛唯一神的拂曉明星
路西法

唯一神創造的最高天使，因故從天界墮落成為基督教的大魔王，這位「帶來光明者」的神力即便在淪為惡魔以後依然健在，耀眼光芒使得眾多惡魔紛紛為之震懾。

詳情見 P.16！

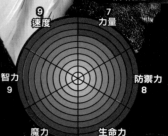

速度 9
力量 7
智力 9
防禦力 8
魔力 10
生命力 8

非利士教最高神祇到蒼蠅之王
別西卜

非利士人的最高神祇巴力遭基督教貶抑扭曲，便成了這麼副散佈災厄蒼蠅的惡魔模樣。其實力即便在地獄群魔當中也是首屈一指，甚至還有人說他更勝路西法和撒旦。

詳情見 P.26！

速度 10
力量 7
智力 9
防禦力 6
魔力 9
生命力 8

繪者：森野ヒロ

Round 1

令世間萬物腐敗的災厄
之蠅襲向路西法！

地獄宮殿的大殿之上，意欲奪取地獄統帥之位的別西卜正緩緩逼近路西法。突然間挑戰者驟然發難，向著靜靜安坐在寶座之上的路西法，釋放出令萬物腐敗的無數蠅蟲，卻讓路西法用火焰障壁給燒了個精光。

散佈災厄的飛蠅

別西卜操縱的恐怖飛蠅大軍。這些蠅蟲散播疾病與死亡，能使所到之處盡數腐壞。

災厄之蠅受阻於
火焰障壁無法近身！

Lucifer

Beelzebub

LIFE 80000/80000

LIFE 80000/80000

31

Round 2
別西卜暗黑之刃
劈向路西法!

眼見蠅蟲無法近身,別西卜根本不容路西法稍作喘息,立即將黑暗凝集形成一柄巨刃,要將路西法連同寶座砍成兩段。路西法卻是一展羽翼縱身騰空,及時躲過了這一擊。

路西法華麗的縱身一躍,躲過了暗黑之刃一擊!

暗黑之刃
別西卜以無窮盡魔力凝聚形成的暗黑之刃,只稍稍一劃傷便能致命。

DANGER!

Lucifer

Beelzebub

32 LIFE 80000/80000

LIFE 80000/80000

路西法反擊！
必殺光彈擊殺別西卜

飛翔中路西法很快轉守為攻，從六隻羽翼當中運作生出光彈、拖曳著青白色的軌跡襲向別西卜！別西卜本欲運起暗黑障壁抵禦卻是措手不及，慘遭光彈貫穿。別西卜遭自己最畏懼的神聖力量刺傷，只能認輸敗退。

障壁被破，
別西卜身負重傷敗走潰逃！

DANGER!

光彈
即便已經淪為墮天使，路西法的光之神力依然健在。這對黑暗屬性惡魔來說可是最有效的攻擊。

Give Up!!

Lucifer

Beelzebub

LIFE 80000/80000

LIFE 8000/80000

何謂七宗罪？

從「七宗罪」概念起源，直到分別對應至七名惡魔

　　所謂「七宗罪」是指由天主教會所定義，將人類導向罪惡的幾種主要的感情與欲望。教會的《天主教教理》（匯整祭司對信徒闡述教義的書籍）亦有記載。其實如果按照原文直譯則本應譯作「致死七宗罪」才是，而日本天主教會則是譯作「七罪源」。

　　此概念起源來自西元4世紀在埃及從事宗教活動的修道士埃瓦格里烏斯‧龐帝古斯。埃瓦格里烏斯研究可能妨礙修行的各種誘惑，然後在著作《修行論》當中寫下了暴食、色慾、財欲、悲嘆、憤怒、怠惰、虛榮、傲慢共「八個念想」。6世紀羅馬教宗格列高利一世認為「傲慢是萬惡根源」，特別把傲慢從清單裡獨立出來，然後以強欲取代怠惰，將剩下的這七宗罪指為「七個主要的惡德」。13世紀的神學家托馬斯‧阿奎那在著作當中定義樞要德（基督教徒的七個德行）的同時，也提出了「樞要惡」（七個主要的惡德）作為對比；他重新採用怠惰取代悲嘆，還跟憤怒掉換順序。此概念後來遂以「七宗罪」形式承繼流傳，最終演變成今日這般模樣。

　　另一方面，將惡魔分門別類的想法則是始於11世紀，惡魔學愈見興盛的15世紀更有西班牙的主教艾方索‧德‧史賓納、德國神學家科內利烏斯‧阿古利巴等人，都曾經在著作中嘗試給惡魔分類。將「七宗罪」連結惡魔的想法便是從此衍生，基督教斥為異端的羅拉德派(注9)的書籍《燈光》（The Lantern of Light）就已經有了以下的兩兩對應：傲慢與路西法、嫉妒與別西卜、憤怒與撒旦、怠惰與亞巴頓、強欲與瑪門、暴食與貝耳非高爾、色慾與阿斯摩丟斯。如今世間普遍認定的對應名單則是來自於德國神學家賓斯費德，本書介紹的七宗罪惡魔亦是以此版本為準。

七宗罪之演變

4世紀 埃瓦格里烏斯	6世紀 格列高利一世	13世紀 托馬斯‧阿奎那	現代 《天主教教理》
1 虛榮	1 虛榮	1 虛榮	1 虛榮
2 強欲	2 強欲	2 強欲	2 強欲
3 怠惰	3 嫉妒	3 怠惰	3 怠惰
4 憤怒	4 憤怒	4 憤怒	4 憤怒
5 色慾	5 色慾	5 色慾	5 色慾
6 暴食	6 暴食	6 暴食	6 暴食
7 悲嘆	7 悲嘆	7 悲嘆	7 怠惰
8 傲慢			

※傲慢是萬惡之源，七種惡德便生自傲慢。

※怠惰復活取代悲嘆，互調順序。

※傲慢復活，重新整理先後順序。

第二章

墮天使

Fantasy Devil Encyclopedia

Azazel

阿撒瀉勒

▶▶ 名字的意義・由來 ｜ 上帝的力量

▶▶ 出　典
《利未記》、《亞伯拉罕啟示錄》
等

▶▶ 能　力

雖然並無文獻載
有他直接作戰的
記錄，但阿撒瀉
勒擁有豐富的武器
知識，再說他在群
魔當中也是位高權
重，能力想必是不
容小覷。

▶▶ 流傳地區
以色列

```
        6          5
      速度        力量

智力 9                    防禦力 5

      魔力        生命力
        8          7
```

　　　繪者：七片藍

受猶太教徒以山羊獻祭的惡魔

據説阿撒瀉勒的起源比撒旦更早。舊約聖經偽經《亞伯拉罕啟示錄》説他是誘惑人類的地獄統帥，還説這名蛇頭惡魔有十四張臉孔、十四隻翅膀。而舊約聖經《利未記》則説猶太教徒每年都要把山羊趕到荒野裡、獻給阿撒瀉勒，藉此洗清自己身上的罪。有趣的是，此處所謂阿撒瀉勒貝體所指何者卻是諸説不一，或曰崖谷或曰山峰，亦有説法指為惡靈。後世所謂的惡魔阿撒瀉勒，便是根據這段記載而誕生的，而所謂「Scapegoat」（替罪羊、代罪羔羊）此語，同樣也是來自於這個《利未記》的故事。《以諾書》説阿撒瀉勒指使人類多行不法，又暴露天界的永恆祕密，於是天使拉斐爾便將他擒住丟進荒野中的某個洞穴裡，以巨石鎮壓之。

STRONG POINT
精通戰鬥相關知識

阿撒瀉勒從前仍是守護天使「神之子」一員的時候，曾經傳授人類如何製作與保養武器，因此肯定精通戰鬥戰術等相關知識。

WEAK POINT
無

我們無法確知阿撒瀉勒有何弱點，不過《以諾書》説他從前與桑哈札聯手時敗給了天使，或許他也跟其他惡魔同樣，對蒙神庇佑者就是沒輒。

COLUMN

神之子「阿撒瀉勒」

阿撒瀉勒跟桑哈札同本是守護天使「神之子」成員，是21位頭目之一。相傳後來他愛上人類女性從而墮天，還傳授人類如何打造劍盾、如何製作寶石和化粧道具。此傳説後來傳至伊斯蘭教，遂有傳説指「易卜劣廝本名『阿撒瀉勒』，後來他反抗神變成惡魔的時候方才改名叫作易卜劣廝」。

阿撒瀉勒的誘惑能否收伏女惡魔？
威沛
（P.138）

阿撒瀉勒乃憑美容相關知識誘惑人類女性墮落，倘若此能力對人魚模樣的威沛也能收效，便能不戰而屈之。倘若無效，威沛劇毒勢必立馬襲來，屆時阿撒瀉勒可就得好好想方設法説動對方了。

桑哈札

Shemhaza

▶▶ 名字的意義・由來 | 強大

▶▶ 出 典 |
《以諾書》、《光輝之書》等

▶▶ 流傳地區 |
以色列

▶▶ 能 力 |
桑哈札本是守護天
使「神之子」之首，
可以推測應有相當
程度的能力。但
他又曾經敗給米迦
勒，戰鬥力恐怕並
不怎麼高。

速度 5
力量 4
防禦力 5
生命力 7
魔力 9
智力 9

繪者：桑代剛志

打破禁忌娶人類為妻

從前天使當中有一群負責守護人類的守護天使「神之子」（Grigori），其首領便是這位桑哈札。這群神之子深受人類女性的美貌吸引，於是離開天界來到地上，犯忌娶了人類女性為妻。至於當時桑哈札自身態度如何卻有兩種說法，一說他要求其他神之子不可背叛扯後腿，一說則是他持消極態度、並未阻止同伴，結果自己也跟人類女性結了婚。這些

「前」天使後來跟人類生下了巨人族拿非利人，作亂人間。神之子又傳授各種知識給人類，桑哈札甚至還傳授魔法。人類獲得這些知識以後便不再遵從神的教導，從此姦淫爭戰四起。地上世界便是因為這群墮落天使，從而染上了各種罪惡。

STRONG POINT
麾下眾多部屬與子裔

桑哈札自身能力如何不得而知，不過他麾下部屬眾多，跟人類生下的拿非利人軍隊亦以英武聞名。

WEAK POINT
意志薄弱

桑哈札不耐人類女性美貌而墮落天界，可見意志之薄弱。面對辯才無礙或擅長魅惑幻術者，怕是三兩下就被騙倒了。

COLUMN

桑哈札等墮天使墜入凡間以後的後日譚

這班墮天使的作為讓神知道以後，神便派出米迦勒等一眾大天使捉拿墮天使，拿非利人也都被打倒了。神懲罰將他們倒吊在荒野的洞穴裡面，直到「末日審判」來臨為止。然後神又發起大洪水清洗地面所有罪惡，只留下虔誠的諾亞一家和一部分的動物，這便是家喻戶曉的「諾亞方舟」的故事。

巨人巨龍激戰對決！
阿日·達哈卡
(P.104)

桑哈札的戰鬥模式乃以眾天使集體戰和指揮拿非利人作戰為主。強大如阿日·達哈卡這般的巨龍，面對眾多拿非利人恐怕也要陷入苦戰，但只要能打倒這些巨人，桑哈札想來並不在話下。

Mastema

莫斯提馬

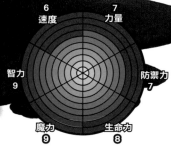

▶▶ **名字的意義・由來** | 敵意

▶▶ **出　典** |
《禧年書》、《死海古卷》等

▶▶ **流傳地區** |
以色列

▶▶ **能　力** |
莫斯提馬亦受神的庇護，想來應該也並不是個徹頭徹底無可救藥的惡魔。相傳他也是惡魔首領，能力與其他大惡魔相比毫不遜色。

	6 速度		7 力量	
智力 9				防禦力 7
	魔力 9		生命力 8	

繪者：森野ヒロ

受命於神試探人類的惡魔

猶太教和基督教的惡魔，大多數都是以自我意志選擇背叛神的意志，從而喪失天使地位而致墮落。可是在這些惡魔當中，卻也有莫斯提馬（亦作馬瑟馬）這麼一位「受神允准可以誘惑人類」的罕見惡魔。他是統領惡靈軍團的頭目，總是要誘惑信徒誤入歧途。莫斯提馬曾經現身在猶太教的先知亞伯拉罕面前要他「以孩子獻活祭」試探其信仰，也曾操縱魔法師去刺殺那位以過紅海而聞名的摩西。因為這些試探信徒的行為，所以經常有人將莫斯提馬視同於撒旦。不過如前所述，莫斯提馬的這些行為不無可能是在行使神的命令，倘若真是如此，那麼莫斯提馬固然是惡魔，卻也可以稱得上是神的忠實僕人。

STRONG POINT
神的允准

一般來說，信仰之力對惡魔來說是個重大弱點，然則獲得神承認的莫斯提馬非但無此限制，這反而還成了他的最大武器。

WEAK POINT
僅止「試探」而已

莫斯提馬只能橫加阻撓與障礙、藉此試探他人信仰，是故一旦克服試煉便不足為懼。

COLUMN

莫斯提馬為何受到神的承認

39頁所述方舟神話發生以後，諾亞向神祈禱曰「祈請將世間所有惡魔惡靈囚於地底」，可是莫斯提馬卻反對道「還是該留些阻撓力量在人間較好」，神竟然採納了莫斯提馬的意見。於是乎，莫斯提馬就這樣憑著神的命令率領著一部分的惡魔軍團，從此擔下了考驗人類的工作。

惡靈軍隊能否戰勝誘惑？

魔羅
(P.106)

此戰雙方都有曾經誘惑重要人物的實績。真要透過誘惑實際操縱對方並不容易，不過莫斯提馬可是掌握有惡魔軍團，就戰法多樣性來說較為有利。戰鬥力卻是以魔羅見長，萬一魔下惡靈軍團屈於魔羅誘惑，那麼莫斯提馬之敗可是就在眼前。

亞巴頓

Abaddon

▶▶ 名字的意義・由來｜破壞／無底洞

▶▶ 出　典｜
《約翰的啟示錄》、《天路歷程》
等

▶▶ 流傳地區｜
以色列

▶▶ 能　力｜
亞巴頓擁有足堪擒
捕撒旦的能力，還
會在末日來臨時操
縱大群毒蝗蟲肆
虐。不論攻敵弱
點或是正面對決強
碰，亞巴頓都是得
心應手，可謂是個
無死角的實力派惡
魔。

速度 8　力量 9
智力 5　防禦力 6
魔力 8　生命力 9

繪者：合間太郎

終末審判的選別者

亞巴頓是基督教傳說將在「末日審判」對人類進行選別的選別者。末日來臨時，亞巴頓將會率領大群蝗蟲從無底洞裡現身。這種蝗蟲模樣特異，據說「長髮人面、頭戴金冠，長著獅子般的尖牙，生有翅膀和蠍尾、胸口有甲」，只襲擊不服從於神的意志者。遭蠍尾螫傷者，劇毒只消片刻就會流遍全身，還要經歷長達五個月生不如死的極度痛苦。由於亞巴頓曾經擒住撒旦並將其囚禁千年之久，故若就其性質而論，亞巴頓亦可以算是遂行神意志的天使，但或許是因為他折磨人類的形象等諸多因素作祟，令人多將其作惡魔看待。希臘語稱其為「Apollyon」，即「破壞者」。

STRONG POINT
蝗蟲大軍

這群蝗蟲帶有使人痛苦將近半年的劇毒。亞巴頓自身已然強大，再加上這大群蝗蟲那更是極大威脅。

WEAK POINT
無

並無任何記錄提過亞巴頓有何弱點，不過約翰·班揚的《天路歷程》曾經寫到亞巴頓遭虔信者刺傷，其防禦力可能並不算高。

COLUMN

地名
「亞巴頓」

成書早於基督教問世的猶太教經典舊約聖經當中，並沒有名叫亞巴頓的惡魔。其實「亞巴頓」此語原是「無底洞」、「破壞之地」的意思，是地獄某地的地名。亞巴頓是直到《約翰的啟示錄》才被人格化，並且愈來愈有名。而後世的惡魔學也吸收採納了這個角色，或稱其為「死亡天使」，又或者說他和撒旦、撒末爾等大惡魔關係匪淺。

以劇毒制伏惡魔
安格拉·曼紐
(P.96)

安格拉·曼紐能夠生出許多手下，在亞巴頓的蝗毒之下卻也是不堪一擊。但假使這蝗毒起不了作用呢？屆時亞巴頓勢必會遭到佔據數量優勢的安格拉·曼紐擊潰。

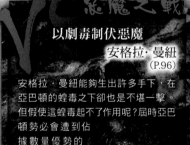

Belial

彼列

▶▶ 名字的意義・由來 ｜ 無價值／無益

▶▶ 出典
《十二族長遺訓》(注10)、《哥耶提雅》、《地獄辭典》、《惡魔的偽王國》、《妖術的揭發》等

▶▶ 流傳地區
以色列

▶ 能 力
力量足堪與路西法、撒旦相比擬，且彼列乃是惡的化身，是個極富魅力的大惡魔

| 地位 ▶ 王 |
| 軍團數 ▶ 80 |

速度 7　　力量 8

智力 7　　防禦力 7

魔力 9　　生命力 8

　　繪者：月岡ケル

「惡」的代名詞

舊約新約兩部聖經都曾經多次以「邪惡」或「無價值」涵意寫到彼列的名字，可見無論猶太教或是基督教，均將彼列視為「惡」的代名詞。有些人甚至還會以彼列取代路西法，尊為執掌七宗罪當中「傲慢」的主司惡魔。相傳彼列會使人步向背叛與破滅，擁有邪惡思想的人類便可以稱作「彼列之子」。約旦死海周邊出土的《死海古卷》說彼列是黑暗之子

的指導者，是萬惡的散播者。魔法書《哥耶提雅》指其為排名第68的魔神，乃作駕馭火戰車的兩名俊美天使模樣；彼列麾下有80個軍團，倘若召喚得宜則召喚者便能獲得彼列贈予優秀的魔寵，能使周遭眾人（即便是敵對者）對自己抱持好感。

STRONG POINT
雙重火力

《哥耶提雅》說彼列是以雙人組合的模樣現身，雖不知這是幻象或是分身，雙重火力合體連擊總是個重大威脅。

WEAK POINT
天使的守護

彼列並無特別重大的弱點，然其欺瞞伎倆對受到神或天使守護者並不起作用。即便是這麼一位大惡魔，果然終究還是不敵神聖力量。

COLUMN

對耶穌
提起訴訟

彼列長於辯說，竟然還曾經控告過耶穌基督。1382年成書的《彼列之書》記載到，彼列主張「耶穌統治了包括海底和地獄的所有地方，已經侵害了惡魔的權利」。最後彼列當然是以敗訴告終，不過他也有部分主張受到採納，替撒旦贏得了掌控支配「末日審判」以後落入地獄者的權利。

惡魔之戰

《哥耶提雅》 兩強相爭
巴力
(P.72)

所羅門王封印的72魔神當中實力特別堅強的兩個惡魔。駕著火戰車，彼列雙人四拳正欲分進合擊、將巴力的三個頭顱各個擊破，可是這邊三頭巴力也並無死角，只要冷靜應付則彼列亦是無機可趁。

撒末爾

▶▶ 名字的意義・由來｜神之毒／神的惡意

▶▶ 出　典｜
《希臘語巴錄啟示錄》、《先知以賽亞的殉教與昇天》

▶▶ 流傳地區｜
以色列

▶▶ 能　力｜
關於撒末爾眾說紛紜，普遍都說他是極強大的墮天使（天使）。根據從前他慫恿唆使亞當夏娃的故事判斷，撒末爾想必是智力超群。

速度 8
力量 7
防禦力 6
生命力 7
魔力 8
智力 9

繪者：合間太郎

猶太教傳說中謎團重重的墮天使

撒末爾的名字散見於聖經外典與偽經，是司掌死亡的天使或墮天使。其特徵與性質視不同出處而異，真實樣貌究竟如何亦未可確知。不過諸說當中，指其便是從前唆使夏娃偷吃智慧果實的那隻蛇的說法堪稱主流，故撒末爾亦有「赤蛇」別名。另外一則傳說則說撒末爾原是一位生有十二隻翅膀的大大使，可是從前他受命接引摩西靈魂的時候不得摩西接納，被手杖打瞎了一隻眼睛，而撒末爾也因為這個典故亦稱「盲目天使」。有說法相信撒末爾是堪與撒旦匹敵的大魔王，也有人將他視同阿斯摩丟斯和路西法，甚至還有「撒末爾的力量源自於他肚臍上面一根長長的毛」這種怪誕的傳說。《先知以賽亞的殉教與昇天》則說他是誘使猶大王國國王瑪拿西誤信異教崇拜的「惡之王」或「惡之使者」，跟撒旦、彼列沆瀣一氣。

STRONG POINT
致死毒咒

撒末爾司掌死亡且素來以毒聞名，最大武器當然非毒莫屬。後世惡魔學還經常將其對應至火元素，因此撒末爾亦頗擅於火系魔法。

WEAK POINT
力量根源肚臍毛

撒末爾的力量來自於一根長長的肚臍毛，據說這根肚臍毛一斷就會力量盡失。倘此說法為真，那根肚臍毛便是撒末爾最明確的弱點。

COLUMN

葡萄酒之父

根據舊約偽經《希臘語巴錄啟示錄》記載，從前撒末爾曾經擅自在伊甸園種植葡萄樹。這個未經報備的行為觸怒了上帝，於是上帝便在葡萄樹上施咒、禁止亞當觸碰。豈知撒末爾又誆騙亞當釀葡萄酒飲下、觸犯了神的禁忌，亞當從此被逐出伊甸園，而撒末爾也被逐出了天界。

用毒高手的對決
亞斯她錄
(P.64)

撒末爾和亞斯她錄同是用毒的惡魔。雙方都用毒的話，要嘛就是兩個同時被毒翻，否則就是毒起不了作用。若是後者，那操縱火焰的撒末爾便略佔優勢。不過亞斯她錄卻也擁有預知未來的能力，好生斡旋便也能攻敵之不備。

47

Iblīs

易卜劣廝

▷▷ 名字的意義・由來 │ 悲嘆／絕望

▷▷ 出 典 │
《可蘭經》

▷▷ 流傳地區 │
中東等伊斯蘭文化圈

▷▷ 能 力 │
易卜劣廝整體能力值相當高，這點毋庸置疑。他性格狡猾，擅長教唆慫恿他人，相反地卻鮮有記錄指其曾經直接參與戰鬥，故其體能力量可能僅屬次等。

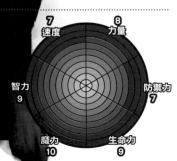

速度 7
力量 8
防禦力 7
生命力 9
魔力 10
智力 9

繪者：長內祐介

拒不俯首於人類

易卜劣廝在伊斯蘭教的地位相當於路西法或是撒旦。易卜劣廝是曬依陀乃（惡魔）之首，傳說他本是樂園當中負責管理寶物的高階天使。根據伊斯蘭教聖經《可蘭經》記載，從前阿拉用土創造人類（阿丹）然後命令眾天使向人類伏拜；易卜劣廝反抗不從觸怒了阿拉，這才墮落成了地獄之王。有趣的是，當時阿拉其實是允許易卜劣廝去誘惑人類的；換句話說，伊斯蘭教相信神其實是承認惡魔試探人類誘其墮落的。不過這種允准僅限於世界末日「最終審判」之前，易卜劣廝等一眾曬依陀乃全都要在世界終結的同時消滅。

STRONG POINT
強大的信念

且不論心中究竟是何盤算，易卜劣廝確實有膽子跟創造主阿拉對著幹。儘管深知自己註定要毀滅，仍堅持要完成身為惡魔的使命。

WEAK POINT
毀滅的宿命

無論讓人類如何的墮落，易卜劣廝已經註定終將毀滅。再怎麼強大的惡魔，也無法跳出神的手掌心。

COLUMN

中東地區的精靈鎮尼

一說易卜劣廝並非從光裡面誕生的天使，而是從火（或煙）裡面誕生的鎮尼（精靈）。鎮尼是伊斯蘭教興起以前便在中東沙漠地區受人信奉的精靈，舉世聞名《阿拉丁神燈》故事裡的神燈精靈便屬此類。普通鎮尼並無善惡之分，不過鎮尼當中也有特別邪惡的，這些鎮尼便叫作曬依陀乃，也就是惡魔。

VS 惡魔之戰

軍團等級的大規模戰事

派蒙
(P.130)

面對統率多達200個軍團的派蒙，易卜劣廝也是將兵如雲的地獄之王。雙方戰鬥能力均是未知數，單論惡魔位階則肯定是易卜劣廝較高，論軍隊的士氣和訓練度恐怕也是易卜劣廝勝出。

Xaphan

薩凡

▶▶ **名字的意義・由來** │ 薩凡山（之主）

▶▶ **出 典**
《地獄辭典》、《失樂園》等

▶▶ **流傳地區**
迦南（今敘利亞）

▶▶ **能 力**
薩凡原先就是位聰明的天使，智力想必在水準之上，至於其他方面便少有亮點，能力值應該不怎麼高。

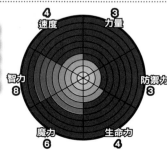

```
        速度 4        力量 3
智力 8                    防禦力 3
        魔力 6       生命力 4
```

繪者：中山けーしょー

地獄之火看守者

從前路西法背叛神的時候，薩凡便是贊同的其中一員。頭腦靈活的薩凡當時便有一計，就是要在天國放火，可惜未待依計而行路西法等一眾天使已經落敗，被神從天界給打入了地獄。薩凡在地獄裡擔任灶火看守者，要不停地吹送風勢避免火焰熄滅。是以，現如今薩凡經常被描繪成手持吹送空氣助燃的器具「風箱」的模樣，此形象深受普朗西《地獄辭典》的插畫影響。另有一說指出薩凡用的並非風箱，而是拿著圓扇搧動火勢。此外關於薩凡之原型，據說就是古埃及信奉的海上貿易之神，而且《出埃及記》當中亦曾提及其名的巴力賽凡。

STRONG POINT
大膽的智略用計

薩凡是個能想到在天國放火奇計的犀利策士，出人意表的戰略計謀讓人窮於應對。

WEAK POINT
戰鬥力低下

薩凡從來不曾在戰鬥中有過建樹，想必戰鬥力很低。他提議火攻而非強襲，也算是在某種程度上證明了這個猜想。

COLUMN

『失樂園』的天使席分

密爾頓《失樂園》當中，寫到薩凡從前是個名叫席分的天使。當時席分受命於加百列，他與另一名天使伊修烈發現撒旦化身成青蛙潛入樂園，而且席分還以辯才壓倒了現出真面目的傲慢撒旦，立下大功。

VS 惡魔之戰
把敵人火焰加倍奉還

亞蒙
(P.60)

亞蒙的火焰威脅固然極大，不過相反地這也將是薩凡取勝的關鍵。倘若能以強風將火焰吹將回去，勢必將是一擊必殺的反擊殺招。如此鋪排正是要運用薩凡最擅長的頭腦戰，以期掌握勝機。

烏列

▶▶ 名字的意義・由來｜神之火／神之光

▶▶ 出　典｜
《以斯拉記四》、《彼得的啟示錄》等

▶▶ 流傳地區｜
以色列

▶▶ 能　力｜
烏列是四大天使之一，也是屈指可數的武鬥派狠角色，實力自然也是掛保證的。雖說後來淪為惡魔，料想實力應該並無變化。

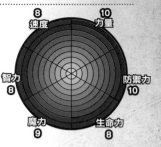

速度 8
力量 10
智力 8
防禦力 10
魔力 9
生命力 8

因為某些內情而致墮落

烏列本是四大天使之一，執掌火焰等諸多自然現象。另説烏列會降臨地獄，以火焰懲罰不信神者和罪人。如此強大的力量自然受人景仰，使得烏列等一眾天使信仰在民間很是流行，可基督教畢竟是個唯一信仰唯一神的宗教。羅馬教會在西元745年下令，嚴格禁止除了聖經正典記載的米迦勒、加百列、拉斐爾以外的各種天使信仰，烏列就是在這個時候遭排除於天使行列之外，淪為惡魔。雖然説後來經過重新審查調整，讓烏列好不容易洗刷了污名，但如今天主教卻將其奉為聖人「聖烏列爾」，再也不是天使了。

STRONG POINT
操縱火炎等自然現象

烏列擁有操縱地震、暴風雨、火山爆發等自然現象的能力。尤其經常使用火炎來懲罰異教徒和罪人，算是他最擅長的能力。

WEAK POINT
信仰變遷等諸多情事

烏列並無明顯弱點。然則僅僅是人們信仰方式的改變，便已是一念天堂一念地獄，轉瞬間天使被打成惡魔，這或許可以說是他也無能為力的弱點。

VS 惡魔之戰
操縱自然將其封殺

雙方都是跟太陽頗有淵源的善戰惡魔。單論力量則平分秋色，若烏列能善加防備尼格散佈疫病之力，勢必能操縱自然現象佔得上風，相反地若遭疫病侵蝕那便危之甚也。

尼格
(P.66)

路西弗葛・洛弗卡雷

▶▶ 名字的意義・由來｜避光者

▶▶ 出典｜
《大奧義書》、《紅龍》

▶▶ 流傳地區｜
法國等地

▶▶ 能力｜
時時覬覦召喚者靈魂的狡猾惡魔，不過只要以正確方法威脅，便能從他口中得知藏寶處，可以推測這名惡魔應該是腦袋靈光，戰鬥能力卻不怎樣。

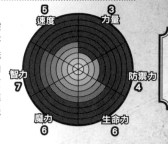

速度 5
力量 3
智力 7
防禦力 4
魔力 6
生命力 6

索要靈魂交換財富

路西弗葛・洛弗卡雷（略稱路西弗古）這名惡魔，可見載於18～19世紀法國出版的《大奧義書》（Grand Grimoire）及其異本《紅龍》。他是地位僅次於魔王路西法、別西卜、亞斯她錄的六大惡魔之一，受路西法任命為地獄宰相。《大奧義書》甚至還記載有如何召喚差遣他的方法；相傳以適當手法威脅覬覦召喚者靈魂的路西弗古、使其聽命，便能獲得這世間的所有財富與寶物。所羅門王封印的72魔神當中有個名叫佛爾卡洛的惡魔，名字拼法恰好可以用洛弗卡雷重新排列組成，因此這個佛爾卡洛有可能就是路西弗古的化身。

STRONG POINT
奪取靈魂之辯

路西弗古能言善辯，會想方設法要讓召喚者簽下奪取靈魂的契約。要避免此事，必須使用以榛樹枝製作的「破碎之杖」對應之。

WEAK POINT
意志不堅容易屈於威嚇

路西弗古雖有辯才，但只要召喚者拒絕簽下交付靈魂的契約並威脅之，路西弗古最終還是會無償告知財寶的下落。

惡魔之戰
以財貨誘敵奪取靈魂

面對嗜愛財寶的瑪門，路西弗葛・洛弗卡雷可以拿財富作餌、騙對方簽下奪魂契約。猶太教、基督教當中契約的約束力極大，即便當事者是惡魔亦然。一旦簽下契約，瑪門之敗便是無可避免。

瑪門
(P.18)

惡魔之戰

謎團重重的神祕墮天使撒末爾，對決地獄的實力派惡魔巴力！雙方在地獄的荒野狹路相逢，先是以眼神死死咬住對方、彷彿心中暗暗盤算著敵我實力，好一陣子才終於擺出戰鬥態勢！對素有大惡魔盛名的雙方來說，這場拼著面子無論如何不能讓步之戰，就要開始！

名為「神之毒」的墮天使

撒末爾

猶太教傳說中的墮天使。其名有「神之毒」的意思，從前天使時代便是職司主掌死亡。他就是教唆亞當的那頭蛇，跟火元素亦頗有淵源，別名「赤蛇」。

詳情見P.46！

```
        速度    力量
         7      7
   智力              防禦力
    9                6
       魔力    生命力
        8      7
```

從異教最高神到蒼蠅之王

巴力

巴力和別西卜同樣，都是由非利士人最高神祇巴力演變形成的惡魔。巴力樣貌特異，人頭、貓頭與蛙頭三顆頭顱搭配蜘蛛胴體，但他其實是地獄屈指可數的實力派，是統率66個精壯軍團的魔王。

詳情見P.72！

```
        速度    力量
         5      8
   智力              防禦力
    7                9
       魔力    生命力
        10     8
```

繪者：合間太郎

Round 1
撒末爾之蛇
劇毒迸發！

撒末爾與巴力惡狠狠的眼神死盯著對方，開戰許久竟是一言不發。忽然間撒末爾先聲奪人，左臂毒蛇猛地一探、蛇口劇毒噴濺爆發！尋常惡魔至此就要被這毒當場結果了性命，可巴力卻是副滿不在乎的樣子，只是厭惡地皺起眉頭。

DANGER!

神之毒

成為撒末爾名字由來的恐怖劇毒。如果對毒沒有抵抗力，一眨眼就會致命。

巴力的強韌身體
使得劇毒失效

Samael

LIFE 70000/70000

Bael

LIFE 80000/80000

55

Round 2
巴力麾下軍團向
撒末爾展開強攻！

巴力的三顆頭顱合聲唱誦不可思議的咒語，召喚出惡魔軍團，對撒末爾展開攻擊。來自四面八方的攻勢本就不好應付，巴力還施展透明化魔法讓人難以捕捉軍團行蹤，撒末爾頓時陷入苦戰。

DANGER!

巴力的軍團

受地獄之王巴力召喚的66個軍團。輔之以巴力的魔法，戰鬥力極高。

雖已避開致命打擊卻終究負傷，撒末爾怒不可遏！

Samael

Bael

LIFE 45000/70000

LIFE 80000/80000

Round 3

撒末爾盛怒火焰將巴力的
軍團燒成灰燼

負傷的撒末爾狂怒不已，一聲長吼召喚出地
獄業火。業火熾熾，將巴力的軍團悉數燒成
了灰燼。緊接著撒末爾迅速欺近因烈焰生怯
的巴力，先是右手長劍一閃，再是左手赤蛇
一探咬碎巴力頭顱，結束了這場戰鬥。

DANGER!

地獄業火

撒末爾本來就跟火元素關係密切，操
縱火炎正是拿手好戲。地獄業火的超
高熱能之下，任何物事都將化作灰燼。

蛙頭被赤蛇咬碎，
巴力戰意喪失！

Samael

LIFE 45000/70000

Bael

LIFE 8000/80000

57

天使與墮天使的階級

教會官方的天使位階，惡魔透漏的惡魔位階

　　天主教會有個官方正式承認的天使位階。此位階來自於西元5～6世紀的神學家亞略巴古的偽狄奧尼西奧斯所著《天階序論》，上至熾天使下至天使總共九個位階，然後三個一組分別對應至「聖父聖子聖靈」三個等級。旬信狄奧尼西奧斯想要透過這個天使位階制度，表現人類的靈魂應該如何向神靠近；愈高位的天使自然就代表愈接近神的人應有的模樣，而高階天使既是低階天使的啟示，也會為低階天使帶來神的恩寵。

　　另外這方面，惡魔同樣也有位階。惡魔學有幾個不同的名單為世所知，其中最著名的當屬17世紀審判官賽巴斯丁・米夏埃利斯提出的「米夏埃利斯的位階」。米夏埃利斯除審判官身分以外也是位驅魔師，據說這是從前他在法國普羅旺斯區的艾克斯執行驅魔儀式時，從修女身上附身的惡魔巴魯貝力特口中問出來的。只不過在眾多研究家學者之間，倒也不乏有人認為這其實是米夏埃利斯在挪揄受天主教偏愛的天使位階。

偽狄奧尼西奧斯的天使位階

	天使的位階	支配掌事的諸君主
上級三隊	熾天使（Seraphim）	米迦勒、撒拉斐爾、米達倫、亞豪爾、烏列、基繆爾等
	智天使（Cherbim）	加百列、基路伯、拉斐爾、烏列、尤菲爾、奧番尼爾等
	座天使（Thrones）	猶菲勒、沙法爾、尤斯爾、拉結爾
中級三隊	主天使（Dominions）	薩基爾、瀚西莫爾、撒迦爾、慕利爾
	力天使（Virtues）	米迦勒、加百列、烏西勒、貝力耶爾、漢尼爾、巴比爾等
	能天使（Powers）	百加列、卡麥爾、巴拉基勒、撒旦（墮天以前）
下級三隊	權天使（Principalities）	基路伯、漢尼爾、尼斯洛、拉貴爾、阿邁爾
	大天使（Archangels）	米迦勒、加百列、拉斐爾、米達倫、巴比爾、巴拉基勒等
	天使（Angels）	加百列、凱依利爾、阿德那基爾、富蘭格

＊由於說法紛紜不一，部分名字會重複出現

米夏埃利斯的墮天使位階

	名字	從前的天使位階	敵對的聖人
第一階級	別西卜	熾天使	聖方濟[注11]
	利維坦	熾天使	聖保羅[注12]
	阿斯摩丟斯	熾天使	施洗者聖約翰[注13]
	巴魯貝力特	智天使	聖巴拿巴[注14]
	亞里她錄	座天使	聖巴多羅買[注15]
	威里內	座天使	聖多米尼克[注16]
	古雷希爾	座天使	聖貝爾納[注17]
	索內伊隆	座天使	聖史蒂芬[注18]
第二階級	卡列亞	能天使	聖文森
	卡爾尼威	能天使	傳福音的聖約翰[注19]
	歐耶雷特	主天使	聖馬丁[注20]
	羅斯特洛	主天使	聖大巴西勒[注21]
	威里爾	權天使	聖貝爾納
第三階級	貝里歐斯	力天使	聖方濟
	歐里維耶	大天使	聖羅倫斯
	洛華路	天使	不明

第三章
魔神

Fantasy Devil Encyclopedia

魔神 No.01

亞蒙

Amon

▶▶ 名字的意義・由來 ｜ 隱藏者／羊角

▶▶ 出 典
《哥耶提雅》、《地獄辭典》、
《惡魔的偽王國》、《妖術的揭發》

▶▶ 流傳地區
歐洲

| 地位 | ▶ 大侯爵 |
| 軍團數 | ▶ 40 |

▶▶ 能 力
不僅僅擁有超群
知識和操縱人心
的異能，亞蒙身體
素質同樣是無懈可
擊，是位並無特別
弱點的強大惡魔。

速度 7　力量 8
智力 7　防禦力 6
魔力 7　生命力 8

　繪者：長內祐介

發源自古埃及的地獄侯爵

亞蒙是魔法書《哥耶提雅》所述魔下率有40個軍團的大侯爵。他通曉過去與未來的知識，能夠任意操縱人際關係使其和解或是失和。相傳他會給溺死者的亡靈一個空氣質地的身體，然後訊問死者生前種種進行審判。據說亞蒙受召喚現身時，起先是隻能夠吐火焰的蛇尾狼，但也可以應召喚者命令變成烏鴉（或夜鷹）頭人身、口中整排猛犬利齒的模樣。不過普朗西《地獄辭典》插畫卻是把他畫成梟首狼身蛇尾，並將其視同於古埃及的大氣之神阿蒙（Amun）。後來阿蒙在埃及與太陽神拉（Ra）融為一體，形成一位新的太陽神阿蒙・拉（Amun-Ra），頭顱也變成了隼頭。希臘人則是根據其名，指其為羊角（＝Ammōn）之神。

STRONG POINT
龐大知識與操縱人心的能力

亞蒙通曉過去與未來的知識，已經近乎於全知；他還能任意操縱人際關係，能夠輕易地使偌大組織甚至國家陷入混亂。

WEAK POINT
不耐冰雪和寒氣？

魔法書並未記載到亞蒙有什麼明確的弱點，根據他能口吐火焰這點看來，他應該相當耐熱才是。相反地，亞蒙有可能並不耐冰系或寒氣等攻擊手段。

COLUMN

與人類合體
變成惡魔人

永井豪的漫畫《惡魔人》當中跟主角不動明合體的惡魔，正是亞蒙。不動明變身成為惡魔人以後，背後會生出蝙蝠般的黑色翅膀，並果然如《哥耶提雅》記載那般能夠吐出火焰。亞蒙在該作中是其他惡魔口中的「勇者」、「地獄的野獸」，是極受忌憚的強大角色。

VS 惡魔之戰

無論單身肉搏抑或軍團團戰，都能壓倒對方

格莫瑞
（P.142）

雙方都通曉過去與未來的知識，欺敵伎倆必然起不了作用。那麼戰鬥最終勢必要變成肉搏戰，不過雙方麾下軍團當然也要參戰形成全面動員的總體戰。亞蒙無論身體素質或軍團數量均凌駕於格莫瑞，無論採取何種戰法，想必都能佔得優勢。

Lilith

莉莉絲

▶▶ 名字的意義・由來 ｜ 風〔抑或夜〕之魔女

▶▶ 出 典
《以賽亞書》、《死海古卷》等

▶▶ 能 力
一說莉莉絲本是人類，能力並不怎麼高。她雖然能戕害新生兒，卻不適於正面作戰。其最大的武器便是誘惑男性的妖豔美貌。

▶▶ 流傳地區
以色列

速度 4
力量 3
智力 6
防禦力 3
魔力 5
生命力 4

繪者：なんばきび

比夏娃更早受唯一神創造誕生的女性

《創世記》字裡行間暗藏著一個訊息，那就是在夏娃之前，神其實曾經另外創造了一個女性，後來才有了「世界第一個女人」莉莉絲的傳說：莉莉絲是亞當的妻子，每天生下100個叫作莉莉（Lilin）的孩子。有次她和丈夫發生口角，離家出走離開了伊甸園，三名天使前來仲裁威脅道「妳如果不回到亞當身邊，我們就要殺掉妳的孩子」，莉莉絲拒絕並且變成了惡魔。變成惡魔以後莉莉絲的形象基本上便是個「殺害嬰兒、令男人墮落的淫魔」，此形象其實是以為米索不達米亞的惡靈拉瑪什圖[注22]、莉莉杜[注23]、亞姐莉莉[注24]等傳說為基底，而莉莉絲往往帶有蛇的意象，便也是來自於這些惡靈。此外「莉莉」此語又有「夜晚」的意思，所以莉莉絲亦稱「夜之魔女」還能指揮操縱貓頭鷹、蝙蝠、貓等夜行生物。

STRONG POINT
魅惑所有男性的淫魔

擁有女夜魔屬性的莉莉絲，其美貌對男性來說是極為危險的武器，同時她還擁有新生兒（出生八日內的男嬰和出生二十日內的女嬰）的生殺大權。

WEAK POINT
不擅戰鬥

莉莉絲對嬰兒的威脅，只消用寫著三位天使名諱的護符便能保得平安。其實莉莉絲的能力本來就不適於戰鬥，或許不能算是弱點。

COLUMN

放在現代必將是提升女性地位的旗手

當初莉莉絲和亞當決裂的理由，據說是「莉莉絲要求與男人亞當同等的地位而未受採納」，因此在現代，主張女性自立自主、脫離男性掌控與社會桎梏的所謂女權主義者當中，便有部分人崇拜信仰這位莉莉絲。想必他們應該對莉莉絲不屈服於仲裁天使、貫徹自身主張的做法頗感認同才是。

VS 惡魔之戰
女性美之戰

格莫瑞
（P.142）

打從一開始就是女性而非變身成女性的惡魔非常稀少罕見，那麼這些女惡魔當中哪個最美呢？奪得后冠呼聲最高的，還是莉莉絲。她擁有迷倒萬千男性的妖豔美貌，即便惡魔當也要成為她的俘虜。能夠與莉莉絲分庭抗禮者，當屬格莫瑞，有著女王般的高傲美和魅力，其公爵名銜亦是一大重點。兩美相競，何者為勝？

Astaroth

亞斯她錄

▶▶ 名字的意義・由來 ┃ 閃爍的星星

▶▶ 出　典
《黃金傳說》、《哥耶提雅》、《地獄辭典》、《惡魔的偽王國》、《妖術的揭發》

▶▶ 流傳地區
歐洲

地位	▶ 大公爵
軍團數	▶ 40

▶ 能　力
名列地獄三傑的大惡魔，整體能力值頗高，尤其他精通所有知識，智力超群，即便在眾多惡魔當中亦屬一流。

```
　　　　　　9　　　　　　　7
　　　　　速度　　　　　　力量

　智力　　　　　　　　　　防禦力
　　9　　　　　　　　　　　5

　　　　　魔力　　　生命力
　　　　　　9　　　　8
```

繪者：桑代剛志

由美麗女神墮落淪為醜陋惡魔

《大奧義書》說亞斯她錄是跟路西法、別西卜齊名的地獄統治，掌握著極大的權力。《哥耶提雅》說他是統率40個軍團的大公爵，長得一副手握毒蛇，跨騎飛龍的醜陋天使模樣。而且口中散發劇烈惡臭，尋常人根本難以接近。若欲召喚亞斯她錄借重其魔力，就必須準備防止惡臭的魔法戒指事先戴在鼻子上。究其原型，當是從前腓尼基地區的星女神阿斯塔特（注25）。阿斯塔特是主司美貌與性愛的女神，擁有和蘇美的依南娜（注26）、美索不達米亞的伊施塔（注27）、希臘的阿芙柔黛蒂（注28）等女神相同的起源，在古代世界廣受信仰。可是舊約聖經《列王記》卻將其貶作邪惡，淪落成了大惡魔。

STRONG POINT
全知的頭腦

倘使交涉得宜，亞斯她錄便會對召喚者傾囊相授，傳授任何知識、揭開所有祕密。這世上似乎沒有什麼事情是亞斯她錄不知道的。

WEAK POINT
與聖人對立

《黃金傳說》（注29）說從前人們因為他「能治百病」而將亞斯她錄供奉於神殿，卻被聖人聖巴多羅買（注15）看破手腳，看來大惡魔拿聖人也是沒轍。

COLUMN

本人堅稱
冤枉

亞斯她錄本屬位階最高的「熾天使」。後來部分天使背叛神的時候，亞斯她錄也加入叛變而致墮落。亞斯她錄自己談到此事時，先是一一交待事情始末，然後又說「我不曾主動參與叛亂，卻受到如此的不當對待」主張自身清白。

VS 惡魔之戰

全知能力將成勝敗關鍵
彼列
（P.44）

即便面對彼列成雙襲來，亞斯她錄也能協同跨下巨龍連袂發動攻擊對抗。想來肉搏戰恐怕沒那麼輕易分出勝負。非但如此，亞斯她錄還能探知彼列不為人知的祕密弱點，戰況很可能會往對亞斯她錄有利的方向發展。

尼格

▶▶ 名字的意義・由來 │ 糞山的公雞（猶太教文獻記載）

▶▶ 出 典
《列王記》與阿卡德神話等

▶▶ 流傳地區
伊拉克

▶▶ 能 力
根據他強行統治冥界的故事，以及他擔任地獄警察首長的經歷，可以推斷尼格在力量、防禦力和生命力等身體素質方面的能力值應該極高。

速度 7	力量 9
智力 6	防禦力 9
魔力 7	生命力 9

繪者：月岡ケル

帶來恩惠和死亡的古代神明

尼格本是從前在伊拉克地區巴比倫城西北方的古他[注30]等都市受人信仰的阿卡德太陽神。阿卡德約莫興起於西元前2400～2200年間，是美索不達米亞文明最古老的帝國。時移世易，尼格後來演變成戰爭與疾病之神，有些地方則說他迎娶冥界女王艾瑞基西格[注31]成了冥界的統治者。可是自從舊約聖經《列王記》以後，這位異教神明便被人當作惡魔看待。尼格長相是獅頭人身的模樣，抑或是融合人類的上半身與獅子胴體的半獸半人模樣。其名原意為何已不可考，不過猶太教倒是將其解釋作「冀山的公雞」。普朗西《地獄辭典》說尼格是別西卜的部下、職任地獄的警察首長，同時卻也說到他其實是魔王路西法的細作。

STRONG POINT
壓制冥界女王的堅強實力

阿卡德神話曾經記載到尼格攻入冥界、憑實力制伏艾瑞基西格從而成為冥界統治者的故事，可見尼格的力量與戰鬥能力都很高。

WEAK POINT
無法對美女痛下殺手

尼格成為冥界統治者的故事其實有好幾個不同版本，其中一個版本是說尼格看見艾瑞基西格一見鍾情，歷經諸多輾轉曲折才終於進入了冥界。

COLUMN

力量太過強大
反而使人生畏

尼格本是太陽神，後來之所以演變成戰爭與疾病之神，應該是因為當地太陽照射強度太強。太陽固然能為人類帶來諸多恩惠，嚴苛的烈日卻也能夠致命。話雖如此，阿卡德神話當中亦不乏國王向尼格祈禱並且戰勝惡魔軍團的故事，可見尼格曾經受民眾熱心信仰也是不爭的事實。

VS 惡魔之戰
若能好好作戰那自是無甚懸念
賈西
(P.98)

即便遭賈西用凶眼奪走1/3的能力，只要戰況發展成純粹的較力，尼格自然佔有壓倒性的優勢。可如果賈西以美色誘惑，那就不知道向來對美人沒什麼抵抗力的尼格能不能過關了。或許三兩下就被牽著鼻子走了？

Adramelech

亞得米勒

▶▶ 名字的意義・由來 ┃ 堂堂之王

▶▶ 出典 ┃
《列王記》等

▶▶ 流傳地區 ┃
以色列

▶ 能 力 ┃
亞得米勒擁有「地獄宰相」、惡魔界「高級議會的議長」等諸多頭銜，肯定是位才思敏捷的智者。

速度 5
力量 7
防禦力 7
智力 8
魔力 5
生命力 5

繪者：aohato

墜入地獄淪為惡魔

亞得米勒是以色列城鎮西法瓦音的太陽神，其信仰甚至曾經傳至撒馬利亞[注32]一帶。猶太教、基督教將其視為惡魔，並記載到當時人類曾以孩童向亞得米勒獻祭。密爾頓《失樂園》說亞得米勒跟其他惡魔同樣原是天使，他參與路西法的叛亂、遭天使烏列平定，然後就被打入了地獄。亞得米勒變成惡魔以後，曾經擔任地獄宰相、書記官、惡魔議會議長甚至路西法的服裝師等各種職位。另外他在後來別西卜制定的大惡魔位階中也是高居第八位，看得出來他在地獄的地位相當高。至於長相，亞得米勒的身體徵象與人類相當類似，但有時亦作馬、驢甚至孔雀的模樣。

STRONG POINT
其實是武鬥派？

亞得米勒雖然在對決烏列的天界之戰中敗下陣來，但畢竟是直接挑大天使當對手，可見亞得米勒的戰鬥力應該頗高才是。

WEAK POINT
無

烏列肯定是亞得米勒的天敵，但是也沒多少惡魔能夠打倒烏列等級的天使，所以這也不能算是弱點。

COLUMN

小蝦米還是大鯨魚？

德國詩人克洛普施托克《救世主》寫到「亞得米勒是神最大的敵人，野心惡意更甚於路西法」。相反普朗西《地獄辭典》卻說「亞得米勒只不過是地獄的書記官、惡魔的服裝師」。這麼一位擁有諸多名銜、看似惡魔界豪強的亞得米勒，豈料評價卻是大大地因人而異。

VS 惡魔之戰
體能力量將成勝負關鍵

摩洛
(P.76)

同樣是從前受人奉為神明、同樣是受人以孩童獻祭，使得摩洛經常被視同於亞得米勒。而且雙方都不太使用魔法，是故勝負關鍵應該就是身體素質與力量。摩洛性格殘忍，又曾經犯下許多血腥案件，因此亞得米勒千萬不能尚未開戰心裡便覺得矮人一截。

69

尼斯洛

▶▶ 名字的意義・由來 | 偉大的鷲鷹

▶▶ 出　典
《列王記》、《以賽亞書》、《失樂園》等

▶▶ 流傳地區
伊拉克

▶ 能　力
尼斯洛從前擔任伊甸園的守衛，防禦力、生命力想必不低。若有人能從伊甸園盜得禁忌果實，便足以證明該者實力不虛。

速度 8	力量 6
智力 4	防禦力 6
魔力 5	生命力 6

繪者：七片藍

自天界墜落的地獄料理人

根據密爾頓《失樂園》，尼斯洛屬於天使九位階當中倒數第三階的權天使位階，同時他也是整合所有權天使的天使長。密爾頓又說尼斯洛原本負責看管伊甸園裡的禁忌果實，卻在路西法舉義後投入其旗下、選擇對抗唯一神。最後尼斯洛戰敗，從此被逐出天界。後來也不知道是否料理手藝受到了肯定，普朗西《地獄辭典》說尼斯洛受掌管七宗罪「暴食」的大惡魔別西卜雇用、成了地獄料理人，除了以伊甸園禁忌果實為食材製作的菜餚以外，還端出形形色色各種料理供地獄眾家惡魔飽食大啖。亞述的尼姆魯德[注33]遺跡曾經挖掘到一幅尼斯洛的圖像，是個一手拿著個小包包、另一手給生命之樹的花朵採粉的模樣。

STRONG POINT
料理的手藝

其料理手藝可是大惡魔別西卜欽點，堪稱地獄第一。問題是這個優點很難體現在戰鬥當中。

WEAK POINT
不擅逆境

與神一戰之中，路西法軍才初顯劣勢，尼斯洛立刻便滿口喪氣話。這種不擅逆境的性格，對上高階惡魔恐怕勝算無多。

COLUMN

受人奉為神明的前天使

據《列王記》、《以賽亞書》記載，尼斯洛本是亞述王國的神，其中尤以辛那赫里布國王[注34]對他信仰最篤，可是他的軍隊卻遭受到唯一神毀滅性打擊，辛那赫里布自身亦遭暗殺。或許這件事在他後來的墮天亦有起到影響；自己的信徒遭受如此對待，對神心懷怨恨自是情理之中。

VS 惡魔之戰

憑拿手廚藝發動攻勢
別西卜
（P.26）

有別於其他戰鬥，這個對戰組合是尼斯洛做菜給老闆別西卜吃，只要讓他說出「好吃」便是勝利，勝負關鍵在於尼斯洛能否端出符合別西卜口味的菜品。執掌暴食的別西卜看起來就像是個重量不重質的主兒，但實際究竟如何？

Baël

巴力

▶ 名字的意義・由來｜主人

▶ 出　典｜
《哥耶提雅》、《地獄辭典》、《惡
魔的偽王國》、《妖術的揭發》

▶ 流傳地區
歐洲

| 地位 ▶ 王 |
| 軍團數 ▶ 66 |

▶ 能　力｜
身為地獄高層之
一，巴力戰鬥力想
必很高才是，其戰
鬥方式卻是不詳。
倘若惡魔巴力仍然
保有豐饒神巴力的
諸多特徵，那應該
肉搏戰、魔法戰都
很擅長才是。

速度 5
力量 8
防禦力 9
生命力 8
魔力 10
智力 7

繪者：合間太郎

統率 66 個軍團的東方統治者

從名字發音便不難發現，巴力乃是從前迦南地周邊信奉的豐饒神巴力（Baal）演變而成的惡魔。《哥耶提雅》將他排在72魔神的首位，是東方的統治者，是麾下率有66個軍團的王。《惡魔的偽王國》說他是地獄第一的王，《大奧義書》則說他是宰相路西弗葛·洛弗卡雷部下，雖然並非頂尖，但諸多說法均指其為力量強大的高級惡魔。至於他的樣貌亦是眾說紛紜，諸如戴著王冠的人類、貓、（徽章亦曾畫到的）蟾蜍，又或者是這些動物的多個頭顱，加上人型胴體或是蜘蛛般的胴體，說話聲音乾涸嘈雜很是刺耳。具體能力雖不得而知，不過其戰鬥力的評價普遍頗高，據說他能賜予召喚者狡計巧智，有時候還會應要求施法將召喚者變成透明。

STRONG POINT
率領精壯軍團進行作戰

沒人知道巴力實際是如何作戰的，但他肯定是個善戰者，率有地獄的精銳大軍。他還能施魔法將自己甚至軍團變成透明，使戰局更趨有利。

WEAK POINT
找不到弱點

所有現存資料並未記載到巴力有何弱點。即便從外觀特徵觀察判斷，看起來也不像是什麼弱點。

COLUMN

萬聖節和巴力

萬聖節起源自不列顛島塞爾特民族的森慶節。一說萬聖節起源可以追溯至豐饒神巴力信仰，信仰內容極為血腥，甚至包括孩童活祭的儀式。因此基督教傳播開來以後，立刻便將其斷定為惡魔崇拜儀式，而惡魔巴力便也就此誕生。不過基督教的操作卻也很巧妙，並未強行廢除祭典節日，而是將其切換成「聖人（Hallow）日」安撫人民情緒。其間經過諸多演變，終於流傳變成今日這般模樣。

VS 惡魔之戰

地獄的三頭魔王對決！
阿斯摩丟斯
（P.24）

對戰雙方都是地獄之王，而且外觀亦頗有共通點。這將是場巴力66軍團與阿斯摩丟斯72軍團之間的大戰役。若論單對單獨挑，則可以武裝的阿斯摩丟斯贏面較大，卻也別忘記巴力手中還有透明魔法這張王牌。他能將自己變透明，也能將軍隊變透明發動奇襲，能夠在戰術上佔得極大優勢。

魔 神

No.08

Dagon

大袞

▶▶ 名字的意義・由來 ｜ 魚的偶像／穀物

▶▶ 出　典

《約書亞記》、《撒母耳記》、《印斯茅斯疑雲》等

▶▶ 流傳地區

以色列

▶▶ 能　力

大袞曾經與路西法一同挑戰神，戰鬥力卻是未知數。畢竟從前曾經受人尊奉為神明，應該比一般惡魔要強才是。

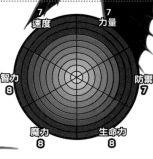

速度 7
力量 7
智力 8
防禦力 7
魔力 8
生命力 8

74　　　繪者：七片藍

因為文學作品而一夕爆紅

大衰本是定居於今日以色列南部的非利士人（注5）的農耕神。當時以色列南部亦有猶太人居住，與非利士人是水火不容。《撒母耳記》對雙方的戰爭紛擾亦多有記載，是故後來大衰才會被猶太教基督教視為邪神甚至惡魔。

大衰原本只是個小咖的惡魔，後來先是法國歐索訥（注35）發生修女附身事件，又在文學作品當中登場而一躍成名。至於普朗西的《地獄辭典》則說大衰是在地獄宮廷中負責做麵包的麵包師與管理者。

STRONG POINT
不明

大衰相關傳說為數頗少，故其特長不得而知。他本是農耕神，很可能擁有操縱氣候的能力。

WEAK POINT
不明

如同STRONG POINT欄所述，其弱點同樣也無從得知。部分作品將他塑造成半人半魚的模樣，因此大衰可能不耐陽光或者乾燥。

COLUMN

克蘇魯神話的主要神祇之一

H.P. 洛夫克萊夫特創作的克蘇魯神話亦有採納大衰這個角色。他初期的短篇作品《大衰》和代表作《印斯茅斯疑雲》等作品將其稱作「天父大衰」，與「聖母海德拉」是成雙相對的強大邪神。大衰魔下有群叫作「深海巨人」的眷族，該族會從人模人樣逐漸產生形體變化，最終變成長生不死的半魚人。

VS惡魔之戰

封鎖對方飛行能力便有勝算

安祖
(P.90)

此戰雙方都不會用魔法，照道理應該是以物理攻擊為中心的戰鬥，此時能夠飛行制空的安祖可謂相當有利，但若能誘其進入視野不佳不利飛行的森林等地形，大衰同樣也有勝算。而大衰能否在此之前撐過安祖的攻擊，便是最重要的關鍵。

Molech

摩洛

▶▶ 名字的意義・由來 | 王

▶▶ 出　典 |
《列王記》、《哥耶提雅》、《惡魔
的偽王國》、《妖術的揭發》

▶▶ 流傳地區 |
中東

地位 ▶ 大伯爵、總統
軍團數 ▶ 36

▶▶ 能　力 |
以副官身分輔佐魔
王路西法，曾經跟
天使加百列單挑的
實力派。整體能力
值頗高，尤其力量
與防禦力在地獄眾
惡魔當中更是數一
數二。

7 速度		7 力量
智力 6		防禦力 10
魔力 8	生命力 7	

76　　　　繪者：中山けーしょー

索討活祭品的惡神

摩洛本是西奈半島的農耕與收割之神，舊約聖經《利未記》、《列王記》等均將其斥為邪神。摩洛長得一副公牛頭顱男人身體的模樣。根據文獻記載，摩洛的信徒會將中空的摩洛青銅像燒得火熱，然後將不到六歲的孩童丟進裡面召喚摩洛。他在密爾頓的《失樂園》裡是路西法的副官、角色吃重，還曾經跟大天使加百列演出一對一單挑的戲碼。摩洛在《哥耶提雅》當中是第21名魔神、名叫摩拉克斯，職位是大伯爵兼總統，麾下率有36個軍團。他通常以公牛的模樣現身（其徽章當中也繪有公牛角的圖樣），當他變成人類容貌時，就能傳授天文學和諸素養總共七個科目的知識。摩拉克斯精通本草學和礦物學，還會提供優秀的魔寵給召喚者。

STRONG POINT
堅毅強韌的精神力量

雖說最終固然是敗了，但摩洛到底是選擇正面跟加百列強碰，要是尋常惡魔必定是避戰而逃。摩洛可以說是肉體和精神雙方面都極為堅強的惡魔。

WEAK POINT
無

摩洛並無特別明顯的弱點。硬要說的話，其弱點就是將其擊敗的加百列，不過隻身單挑四大天使敗下陣來卻是非戰之罪。

COLUMN

欣嫩子谷的活祭儀式

以活人獻祭供奉祭祀摩洛的儀式很可能並非猶太教、基督教憑空捏造，而是曾經實際存在。例如猶太人的聖地耶路撒冷附近就有個從前摩洛信徒曾經在此舉行儀式的山谷。該地叫作「欣嫩子谷（希伯來語稱格欣嫩子Ge-Hinnom）」，因此猶太人後來便稱地獄叫作「火焚谷（Ge-Hinnom Gehenna）」。《舊約聖經》也有採用這個稱呼。

VS 惡魔之戰

壓制頭部便等同於獲勝
馬可西亞斯
(P.134)

馬可西亞斯的武器有二：銳利巨齒與火焰吐息。摩洛平便是使用燒得火燙的青銅像召喚，料想必定相當耐得高溫，只須留意利齒襲擊便是。若能看準空隙按住馬可西亞斯的頭顱、讓他不能開口，勝利自然歸於摩洛。

阿卜拉克薩斯

▶▶ 名字的意義・由來 │ 創造主

▶▶ 出 典 │
《駁異端》

▶▶ 流傳地區 │
歐洲、中東

▶▶ 能 力 │
阿卜拉克薩斯駕著
白馬戰車馳騁天
際，機動力頗高。
他又身披鎧甲，防
禦耐久力想來也不
是問題，再加上他
原本是個神，魔力
應該也很高才是。

8
速度

5
力量

6
智力

8
防禦力

8
魔力

6
生命力

繪者：合間太郎

變作惡魔的異端教派之神

阿卜拉克薩斯是信奉知識至上的諾斯替教（注3）的神或神靈。其形象通常是雞頭人身，胴體裝備鎧甲，雙腳化作長蛇，手持長鞭與刻有「IAO」字樣的盾牌。據說他平常都是乘坐四匹白馬拉曳的戰車移動。古人相信阿卜拉克薩斯住在邪惡宇宙之外的善之天國，相信他會拯救擁有正確智慧的靈魂跳脫宇宙牢籠。是以眾多信徒經常將他的模樣刻於寶石或金屬，當作護身符隨身攜帶。諾斯替教在羅馬流傳興盛了約莫400年，最終還是遭基督教斥為異端迫害，曾幾何時阿卜拉克薩斯也被人當成了惡魔。

STRONG POINT
白馬戰車

阿卜拉克薩斯有台能夠在天國與宇宙間來去自如的戰車，若論機動力則沒有惡魔能夠出其右。這台戰車或許可以在攻擊中起到妙用。

WEAK POINT
無

阿卜拉克薩斯遭基督教貶為惡魔，從這個角度來看，則基督教或許稱得上是他的弱點，不過他在對抗其他惡魔時倒是等同於沒有弱點。

COLUMN

阿卜拉克薩斯創造的諾斯替教

諾斯替教以「我等生活多苦，乃因世界是個惡的宇宙」思想為核心概念，主張「諸宗教信仰的諸神均是惡，肉體則是禁錮靈魂的牢籠」。若是如此，那麼猶太教基督教的唯一神耶和華便也是奪取智慧、將人類靈魂囚禁於肉體、囚禁於惡宇宙的惡之存在。這種思想當然會遭受反感甚至嚴重迫害，從歷史舞台銷聲匿跡。

VS惡魔之戰

引導戰況展開速度戰！

彼列
(P.44)

彼列是統率80個惡魔軍團的所羅門王72惡魔之一。面對阿卜拉克薩斯的白馬駟馬戰車，彼列則是乘著烈焰熊熊的戰車迎戰。機動力恐怕是阿卜拉克薩斯佔上風，一對一便有勝算，所以勝負關鍵就在於阿卜拉克薩斯能否將惡魔軍團排除於戰圈之外。

Baphomet

巴弗滅

▶▶ **名字的意義・由來** | 智慧的洗禮

▶▶ **出　典** |
《高等魔法之教理與儀式》

▶▶ **能　力** |
巴弗滅能夠為虔誠信徒帶來財富等各種庇佑。與其他惡魔相較之下，巴弗滅的能力以魔力、智力最為突出。

▶▶ **流傳地區** |
歐洲

速度 5	力量 5
智力 9	防禦力 5
魔力 8	生命力 5

繪者：長內佑介

使騎士團破滅的惡魔

這名惡魔起源不詳，目前所知其名初見於1098年的十字軍文獻，稱其為「異教徒之神」。後來參與十字軍東征的聖殿騎士團，竟於1308年時遭法國國王舉報「崇拜巴弗滅」罪行，許多團員遭到處刑。當時通常是以黑色捲髮人類模樣的金屬製或木製頭像呈現巴弗滅，不過騎士們的供詞內容不一，其真實形象究竟如何仍然成謎。民間俗信巴弗滅能給信徒帶來農作物豐收、多產、財富等各種恩惠。

進入19世紀以後，法國魔法師伊利法斯・利未公開了一幅結合埃及山羊神與巴弗滅傳說的畫像，今日所知巴弗滅形象便是來自於此。

STRONG POINT
實力高強？

巴弗滅有時候會被視同於追隨路西法或別西卜的惡魔撒塔納基亞，由此看來巴弗滅應該也是個實力派。

WEAK POINT
不明

巴弗滅雖然是神祕學領域很受矚目的惡魔，可是無論長相模樣抑或名字由來，巴弗滅仍有許多未解之謎，至今也還沒發現他有什麼弱點。

COLUMN

其名源自於希臘神話的女神？

信奉巴弗滅的聖殿騎士團主要是在伊斯蘭文化圈地區進行活動，許多人相信這個惡魔的名字「來自伊斯蘭教的創始者Mahomet（穆罕默德）」。另說則指此名來自希臘語「智慧的洗禮」（Baphe metis），其中「Baphe」是「洗禮」，「metis」指的則是希臘神話的智慧女神墨提斯。

VS 惡魔之戰

速戰速決便有勝機
弗爾弗爾
（P.132）

巴弗滅在伊利法斯・利未所繪「曼德斯的巴弗滅」當中有雙巨大的羽翼。如果能飛，那麼巴弗滅的機動力應該不下於弗爾弗爾。倘若不顧惡魔軍團而選擇近身交戰、使弗爾弗爾難以施展操縱天候的能力，那巴弗滅也有機會獲勝。

魔神

NO.12

啟示錄的龍與獸

The Dragon, and the Beast

▶▶ 名字的意義・由來 │ 因《約翰的啟示錄》得名

▶▶ 出 典 │
《約翰的啟示錄》

▶▶ 流傳地區 │
以色列

▶▶ 能 力 │

啟示錄的龍與獸
能夠引發洪水，還
能用尾巴擊落天空
的星辰，戰鬥力可
謂是難以估量。尤
其力量和魔力更是
地獄最強等級。

速度 6		力量 10
智力 6		防禦力 7
魔力 9		生命力 6

繪者：長內佑介

統治世界的龍與獸

啟示錄的龍與獸乃以威廉・布萊克陰氣森森的畫作而聞名，即新約聖經《約翰的啟示錄》所述七頭十角的紅龍，以及十角七頭的獸。龍在基督教乃是惡的象徵，而這頭巨龍便是惡的化身撒旦的其中一個模樣。據說龍的七個頭顱象徵人類不可觸犯的七宗大罪，十支角則是象徵每每容易犯下的小罪小惡。這隻龍初見於《約翰的啟示錄》中盤，啟示錄説龍企圖殺害聖母馬利亞和他腹中的耶穌基督，其間遭遇大天使米迦勒並戰敗，從此被逐出天界。後來龍雖然賜力量給從海中現身的獸，聯手統治了世界，但終究還是被神給封印了起來。

STRONG POINT
龐然巨體

尾巴一揮便能擊落天空星辰，巨口吞吐間便能引發滔天洪水，其巨大可見一斑；這龐然巨體將是肉搏戰的強大武器。

WEAK POINT
神聖力量

先是敗給天使，然後又被神封印，可見啟示錄的龍與獸對神聖力量缺乏耐受性。可如果敵人是惡魔的話，說是沒弱點倒也並無不可。

COLUMN

啟示錄的龍＝羅馬帝國一說

一說啟示錄的龍乃是象徵羅馬帝國的暗喻。基督教甫誕生之初，羅馬帝國曾經大加迫害基督教，以殘酷極刑刑殺信徒，是以約翰將羅馬帝國的殘虐無道擬作惡龍的說法才會透過《啟示錄》流傳下來。所謂龍的七個頭乃指七位羅馬皇帝，十支角指的則是皇帝手下的大臣，而神終將會對這頭惡龍降下天罰。

VS 惡魔之戰

數量上龍與獸佔有優勢

利維坦
(P.20)

利維坦是舊約聖經裡面一頭長得像蛇的怪物。聖經只說他非常巨大，具體究竟多大不得而知。如果體型跟啟示錄的龍與獸差不多的話，數量上對龍與獸較為有利。只要不是利維坦擅長的海中作戰，龍與獸勝率較高。

Devil Battle 3
惡魔之戰

煩惱的化身魔羅與魔性之女莉莉絲不期而遇！雙方均精通色慾中事，
少頃間便意氣相投、眼看就要同赴快樂城，
豈料雙方卻為爭奪床笫主導權橫生衝突！事態將會如何發展！？

俘虜萬千男子的婉然美女
莉莉絲

亞當的首任妻子，夫妻決裂後變成惡魔的女性。
莉莉絲同時擁有左右嬰兒生死的女妖面向，以及
誘惑男性的淫魔面向。究竟莉莉絲能否憑藉魔性
之美，使魔羅屈服！？

VS

詳情見P.62！

速度 4
力量 3
智力 6
防禦力 3
魔力 5
生命力 4

詳情見P.106！

速度 7
力量 8
智力 8
防禦力 8
魔力 10
生命力 10

一百零八煩惱化身的魔王
魔羅

魔羅即是世間無限蔓延的諸多煩惱，敵人但
有煩惱則這個魔王便能發揮無限的力量，只
不過男女紛爭卻要另當別論。如何展開這場
非同尋常的戰鬥，相當考驗魔羅的手段

　繪者：なんばきび

魔羅與莉莉絲於
地獄宮殿狹路相逢！

莉莉絲與魔羅均是和色慾淵源極深的惡魔，旁人看來肯定是對極為契合的組合，然則自尊心極強的莉莉絲卻執意要掌握主導權。另一方面，魔羅身為男人也有自己的堅持。經過一番爭執，雙方議定比試哪個更有魅力，主導權便歸誰。

DANGER!

自尊心

莉莉絲性情自主獨立，不甘落於男子之後。當初與亞當失和爭吵，便也是為此。

以魅力使人屈服者勝出的
變種格鬥戰！

Lilith

LIFE 40000/40000

Māra

LIFE 100000/100000

85

Round 2
魔羅先聲奪人，
雙方展開肉搏戰！

首先是魔羅的進攻回合。魔羅一會兒展
現久經鍛練的結實肌肉，一會兒將對方
擁在懷中耳邊細語，想方設法要籠絡打
動莉莉絲，但這些尋常手段莉莉絲根本
不為所動。莉莉絲帶著臉上的三條線，
命令魔羅結束自己的回合。

面對魔羅的奮力攻擊，
莉莉絲不為所動！

DANGER!

肉體美！

魔羅精雕細琢的健美肉體，無論
男女都不由得為之感嘆！至於「小
魔羅」[注36]當然也是雄偉異常。

Lilith

Māra

LIFE 40000/40000

LIFE 100000/100000

莉莉絲協同莉莉波浪般的
攻勢使得魔羅進退失據！

魔羅已經失了魂，現在輪到莉莉絲施展功夫。莉莉絲憑藉完美的體態、舉手投足的煽情動作挑逗魔羅，接著又有好幾名來替母親助陣的莉莉一擁而上，將魔羅圍將起來。即使久經沙場如魔羅，也無法撐過這樣的「超級殺必死」舉手投降，主導權歸於勝者莉莉絲！

DANGER!

莉莉

莉莉絲和亞當的一眾女兒，她們繼承了母親的淫魔體質，善於誆騙籠絡男性。

不敵美女軍團的
無限魅力，一敗塗地！

Lilith

LIFE 40000/40000

Māra

LIFE 100000/100000

古代東方的宗教情事

美索不達米亞神話源自於巴比倫地區的都市神

美索不達米亞地區很早便有文明誕生，有許多類似希臘城邦的都市國家。這裡跟其他許多地方同樣都有多神教問世，人們的信仰生活由天空、大地、流水等自然事象諸神以及祈願作物豐饒的地母神所構成。有些神祇則是跟主要大都市擁有特別重要的連結，他們是國民生活與文化的守護神，也是地位凌駕於世俗君王的都市國家真正君王。當時的社會以神殿為中心，許多集會和神殿儀式詩歌內容都透過黏土板流傳到今日。從農耕畜牧的起源等生活相關內容到思考人類存在意義的哲學命題，那些受人奉為「神的意志」傳唱的神話便是從前人們必須遵循的規範。起初各地區之間並無共通的神話，各個都市在爭奪霸權的同時先是有萬神殿，然後將現實世界中各城市的實力消長反映在神話中、逐漸形成有體系的神話。舉例來說，最高神的寶座原本屬於天空神安^(注37)，然後是大氣之神恩利爾^(注38)，古巴比倫時代則是馬爾杜克^(注39)取而代之。巴比倫的創世敘事詩《埃努瑪‧埃立什》便也是因為巴比倫稱霸始得有之。

巴比倫的主要都市與都市神

都市名	都市神與配偶神
巴比倫	馬爾杜克／沙帕尼圖女神
基什	扎巴巴
尼普爾	恩利爾／寧穆爾女神
阿達布^(注40)	寧護爾薩格
烏瑪	沙拉／寧穆爾女神
烏魯克	依南娜^(注26)女神／杜木基
烏爾	楠娜／寧伽勒女神
拉格什	寧吉爾蘇
埃利都	恩基^(注41)／達姆伽爾努娜女神

猶太教基督教亦誕生於此

美索不達米亞神話多是以從前底格里斯河與幼發拉底河下游流域的蘇美人神話為基礎，其後依序由阿卡德人、亞述人、巴比倫人承襲遞嬗，是歷史已經超過3000年的地區性宗教。在這段期間內，西元前1280年摩西率猶太人逃離埃及，西元前1020年則有希伯來王國在西方的敘利亞地區誕生。這個希伯來王國後來分裂成以色列王國和猶大王國，西元前587年猶大王國遭新巴比倫攻滅而有所謂的巴比倫囚虜事件。被擄往巴比倫的以色列人為維持原本信仰，遂有猶太教的誕生。與此同時伊朗亦有瑣羅亞斯德教^(注1)問世，尊奉瑣羅亞斯德教義的阿契美尼德王朝滅了新巴比倫。這阿契美尼德王朝後來又遭亞歷山大大帝消滅，瑣羅亞斯德教雖然由盛轉衰，卻仍舊對猶太教以及後來新誕生的支派基督教造成了影響。此後基督教的勢力因為積極的傳教活動而不斷擴大，這些他教諸神便跟從前地中海沿岸盛極一時的巴力同樣逐漸被視為惡魔，及至10世紀前後，美索不達米亞神話所述諸神也幾乎遭到了遺忘。話雖如此，許多人都認為聖經的諾亞方舟傳說其實是源自巴比倫神話的洪水傳說，《創世記》所述天地創造故事也經常被拿來和《埃努瑪‧埃立什》作比較。所謂的巴別塔，想必就是來自於巴比倫的聖塔塔廟。換句話說，美索不達米亞神話並非完全消失，而是改用另外一種形式留下了痕跡。

第四章

惡靈

Fantasy Devil Encyclopedia

▶▶ 名字的意義・由來 | 強風／天鷲

▶▶ 出 典
《盧加爾班達敘事詩》、《安祖神話》等

▶▶ 能 力
鷲鷹的飛行速度和獅子銳利爪牙的物理攻擊是安祖最重要的武器。此外他還能行使暴風雨、洪水、閃電等魔法，可見戰鬥能力極高。

▶▶ 流傳地區
美索不達米亞

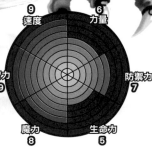

速度 9
力量 6
防禦力 7
智力 9
魔力 8
生命力 5

繪者：合間太郎

盜取眾神祕寶的怪鳥

安祖（亦作「祖」）是美索不達米亞傳說中的怪鳥，通常作獅子頭顱（或上半身）與鷲鳥身體的模樣，偶爾也作人類男性上半身、鷲鷹身體，抑或鷲翼獅身的形象。關於其出典有蘇美人《盧加爾班達敘事詩》、阿卡德人的《安祖神話》等各種說法，其角色定位也隨著時代而有所變化；前者說他是事奉最高神恩利爾[注38]的神獸，後者則說他是盜取眾神祕寶「天命書板」的敵對者，也就是惡魔。天命書板擁有就連神明也會為之變色的強大力量，眾神也因為安祖獲得了這件寶貝而陷入苦戰。後來是戰神尼魯塔（亦作寧吉爾蘇）採取長期作戰、令安祖疲弊，好不容易才把寶貝奪了回來。

第四章

惡靈—安祖

STRONG POINT
天命書板賦予的無敵力量

能夠操縱天候氣象的安祖本身戰鬥力已是上乘，而且又手握能將違抗者變成黏土的天命書板，更加棘手。

WEAK POINT
體力消耗劇烈

安祖因為累積疲勞過劇而敗給尼魯塔，想必使用諸法術和天命書板對體力消耗極大。

COLUMN

神獸安祖

安祖本是執掌暴風雨與雷電的神獸，從前恩利爾決定毀滅人類的時候，便是由安祖以利爪劃破天空、引發了大洪水。《盧加爾班達敘事詩》則記載到安祖曾經因為盧加爾班達王子善待雛鳥而贈予他超人的力量。可是後來神聖事物多呈人形的思想成主流，漸漸地安祖的神性也就一點一點地喪失了。

惡魔之戰

天候操縱者之戰
弗爾弗爾
(P.132)

這是場雙方都能呼風喚雨雷鳴閃電的惡魔對決，只消計較魔力則優勝劣敗便一目瞭然。再來，兩廂都是能夠飛行的惡魔，一旦魔力較量陷入膠著，戰鬥可能就會演變成空戰。若真是如此，那體態比較適於飛行的安祖將可能佔有些微的優勢。弗爾弗爾則須善用燃燒的蛇尾和長角以期扳回一城。

Pazuzu

帕祖祖

▶▶ 名字的意義‧由來 | 風之王？

▶▶ 出典 |
美索不達米亞傳說

▶▶ 流傳地區 |
美索不達米亞

▶▶ 能力 |
帕祖祖乃惡靈之
王，全方面能力值
都在中上。他既可
以使人發燒亦可驅
退病魔，可見魔力
值應該頗高，他又
能捲起強風移動，
速度亦屬上乘。

速度 9

力量 7

智力 6

防禦力 7

魔力 8

生命力 7

繪者：七片藍

受人供奉信仰的惡靈之王

能刮起熱風、使人發燒的風系惡靈之王。他是惡神漢比之子，妻子是背負殺害胎兒惡名、令人膽寒的拉瑪什圖。帕祖祖頭顱似獅似犬，大腿像人，腳部像猛禽，背後長著兩雙禽鳥羽翼。另外他還生有周身鱗片和蠍子尾巴，男根則是蛇頭的模樣。人們普遍認為他屬於地底世界、畏之頗甚，可是帕祖祖卻能驅除其他惡魔，還能保護人們免於助長疫病蔓延的風勢、尤其是西風。再有甚者，人們相信帕祖祖會將拉瑪什圖帶回地底世界，孕婦就經常會佩帶帕祖祖頭像當作護身符。其實很長的一段時間裡，帕祖祖已經幾乎遭到世人、甚至遭到惡魔學忽視遺忘，直到他在恐怖電影《大法師》當中作為附身少女的惡靈再次登場。帕祖祖隨著電影熱賣而聞名，自此在日本的遊戲和漫畫也有出場。

STRONG POINT
引起熱病的熱風

帕祖祖刮起的熱風可以散播熱病，相反地熱風也能殺死比較屬弱的細菌。因此對於其他利用細菌引發疾病的惡魔來說，帕祖祖並非善與之輩。

WEAK POINT
無

目前所知並無明顯弱點。帕祖祖雖是惡靈，卻擁有許多信徒。就實質而論，他可以說是位相當強大的惡神，沒有弱點其實並不奇怪。

COLUMN

孕婦的守護者 帕祖祖

拉瑪什圖亦屬惡靈，旬信流產與嬰兒夭折便是她在作祟。當時人們會製作帕祖祖的小型肖像以求避禍，而羅浮宮美術館便有一件相當有名的收藏。這是件高度約15公分、體積稍大攜帶略嫌不便的肖像，肖像頭頂有個穿繩用的圓鉤，從前應是擺放在房間裡或吊掛使用。除此以外還有描繪帕祖祖驅逐拉瑪什圖場景的青銅驅魔板，可以想見當時帕祖祖信仰盛行的模樣。

惡魔之戰

異形蝗蟲將左右戰鬥勝敗
亞巴頓
（P.42）

惡靈之王與深淵之王的對決。觀戰重點在於亞巴頓釋放的怪物蝗蟲能否耐受帕祖祖刮的熱風。但其實帕祖祖也有蝗災神格化的性格，要是蝗蟲無法對他造成傷害，甚至蝗蟲操縱權遭對方奪取，那亞巴頓將會毫無勝算。

雅撒格

▶▶ 名字的意義・由來│病魔

▶▶ 出 典│
《魯戈爾-埃》等

▶▶ 流傳地區│
美索不達米亞
（蘇美／阿卡德）

▶▶ 能 力│
雅撒格身體堅硬如岩石、物理防禦力極高，相反地移動速度便稍顯遲緩。他能捲起沙塵暴攻擊，魔力應該不低。

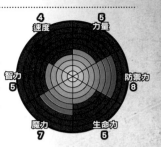

速度 4
力量 5
智力 5
防禦力 8
魔力 7
生命力 5

美索不達米亞神明孕生的惡靈

雅撒格此名乃蘇美語，阿卡德則將其稱作雅薩克或雅沙克。古代美索不達米亞認為特定部位的疾病乃是惡靈作祟，而雅撒格便執掌其中頭顱部位疾病，能用熱病殺人。敘事詩《魯戈爾-埃》說他是最高神祇安（安努）（注37）與大地女神基（注42）之子。雅撒格是棲息深山的惡靈，擁有能使河魚死亡的能力，並受眾多植物擁戴為王。後來雅撒格率領自己跟庫魯（山脈）生下的眾多岩石後代侵略農耕與戰鬥之神寧吉爾蘇（尼魯塔），在第二次戰役當中遭到討伐身亡。雅撒格樣貌不明，不過某件描繪寧吉爾蘇戰鬥場景的浮雕曾經畫到一頭長著猛禽翅膀、尾翼和後肢的獅子，可能便是雅撒格（另說為安祖晚年的模樣）。

STRONG POINT
令人無法喘息的沙塵暴

雅撒格曾經捲起大規模沙塵暴，並縱放火焰燒盡人類。就連寧吉爾蘇都被沙塵暴掩得難以呼吸，被迫撤退。

WEAK POINT
一掃沙塵暴的暴風雨

第二次戰役當中，寧吉爾蘇向風神恩利爾（注38）借來暴風雨刮制沙塵暴，擊敗雅撒格把他變成了一塊叫作札拉格的石頭。

惡魔之戰

利用沙塵暴與眷族佔得優勢

薩凡能使用地獄的火焰，不過雅撒格也能放火，對火焰應該有相當程度的耐受度。雅撒格先用沙塵暴封鎖對方行動、再派出岩石眷族一擁而上，便可佔得相當大的優勢。但如果地獄火焰的高溫能夠熔化岩石，薩凡也不無勝算。

薩凡
（P.50）

▶▶ 名字的意義・由來 | 不明

▶▶ 出 典 |
美索不達米亞的傳說

▶▶ 能 力 |
雖有少數例外，不過烏毒基本上屬於低階惡靈，整體能力只能說是普通。他們能襲擊人類使其罹病，魔力和速度倒是不差。

▶▶ 流傳地區 |
美索不達米亞
（蘇美／阿卡德）

速度 7
力量 4
智力 4
防禦力 4
魔力 6
生命力 4

美索不達米亞眾精靈的統稱

烏毒此名乃蘇美語，阿卡德人將其稱作烏圖庫。此語原指「幽靈」，後來才逐漸變成統稱精靈（低於眾神而比人類強大的超自然存在）之語。世間固然有「善的烏毒」存在，而「惡的烏毒」當中亦不乏能令人類猝死的納姆塔爾、地獄獄卒伽拉（伽盧）以及前項所述雅撒格等少數強大的惡靈。此外還有可能為禍人間的死者亡魂

基迪姆和耶提姆，一旦疏於撫慰祭祀，這些亡魂就會變成怨靈從地底世界回到人間。他們相信死狀特別悲慘的死者亡靈會從耳朵入侵人體引起疾病，須以降靈術令其現出原形。而且當時還相信就連圖像本身也會作祟，是故現已再無可供探知惡靈模樣的文物流傳，使我們對個別惡靈的長相一無所知。

STRONG POINT
人類很難察覺其存在

烏毒會在深夜小徑或沙漠地帶等人煙稀少處伏擊人類。人類看不見烏毒所以很難察覺其存在，烏毒輕易就能附身。

WEAK POINT
人類唱誦咒文便可驅逐

除了少部分已經有固定名字的病魔並非善與之輩，其餘大多數烏毒倒是單憑驅魔咒文就可以擊退。面對像帕祖這種能夠驅除其他惡魔的強大惡靈，更是不在話下。

惡魔之戰
若能附身便可獲勝……

阿伽修羅
(P.110)

若論烏毒可以戰勝的對手，大概也只有身為阿修羅族的以擁有肉體、又並非王者的阿伽修羅了。不過阿伽修羅卻也具備殺神的實力，就靈力而言恐怕是有過之而無不及。烏毒若能趁其不備依附其身便尚有勝算，如若不然，轉眼便有覆滅之危。

Angra Mainyu

安格拉・曼紐

▶▶ 名字的意義・由來 | 破壞靈

▶▶ 出 典
《阿維斯陀》、《創世紀》等

▶▶ 流傳地區
伊朗

▶▶ 能 力
一般來說創造之力是專屬於神的力量，安格拉・曼紐竟然擁有創造神能，可見魔力之高。他有本事跟至高神阿胡拉・馬茲達抗衡，因此其他能力值也都頗高。

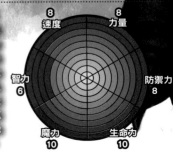

速度 8　　力量 8

智力 6　　　　防禦力 8

魔力 10　　生命力 10

　繪者：長內佑介

瑣羅亞斯德教的魔王

安格拉・曼紐是與瑣羅亞斯德教[注1]至高神阿胡拉・馬茲達分庭抗禮的絕對暗黑神，是惡魔（提婆）之王。中世波斯語稱其為阿里曼（阿日曼）。他雖然屬靈，現身人世時經常會變身成蛇、蜥蜴或蒼蠅等模樣。安格拉・曼紐無智慧、無慈悲，善妒而欲壑難填，一心要成為世界之主。瑣羅亞斯德教的聖經《阿維斯陀》説他在從前宇宙開闢當時便選擇了惡，創造出得魯吉、阿卡瑪納等惡魔來對抗至高神創造的大天使，創造了怪物阿日・達哈卡來破壞至高神的所有造物。惡意、疾病、危險動植物等危害事物，也是他創造出來送到人間世界來的。安格拉・曼紐最惡名昭彰的便是將死亡帶到世間，是以亦稱「多殺者」。

STRONG POINT
創造的力量

安格拉・曼紐的破壞活動，旨在利用自己創造的相反物事去破壞至高神的造物，使其失去價值。這種跟最高神同樣能夠創造的力量，便是他的最大武器。

WEAK POINT
無法預見未來

相較於全知的阿胡拉・馬茲達，安格拉・曼紐只知道過去和現在。他無法預見自己終將敗北的未來，只能一直持續著無意義的戰鬥。

COLUMN

安格拉・曼紐在現代佔有優勢

《創世紀》[注43]將世界從誕生到滅亡的12000年分成四等分。第一期結束後，安格拉・曼紐將會從地底黑暗世界上升到天界、遭遇阿胡拉・馬茲達，雙方約定展開長達9000年的戰鬥。不過安格拉・曼紐會遭咒文封印直接度過第二期，直到第三期才會開始對阿胡拉・馬茲達創造完成的受造物展開攻擊。現代正值安格拉・曼紐佔優勢的第四期，不過他仍然背負終將在末日決戰當中敗北的命運。

惡魔之戰

驅使無數創造物壓倒敵方
阿斯摩丟斯
(P.24)

阿斯摩丟斯乃七宗罪之一，是手持長槍騎乘飛龍還能噴火的強大惡魔，只不過安格拉・曼紐卻握有不計其數的創造物，只消一擁而上團團圍住便是勝利在握。倘若阿斯摩丟斯能夠突破重圍、跟安格拉・曼紐直接對決，便還有機會。

賈西

▶▶ 名字的意義・由來 │ 黑心女

▶▶ 出　典

《阿維斯陀》、《創世紀》等

▶▶ 流傳地區

伊朗

▶▶ 能　力

賈西曾經提出如何
攻擊良善陣營的具
體對策，使安格
拉・曼紐重拾信
心。另外她還能
奪取諸多事物三分
之一的力量，魔力
與智力相當高。

速度 5	力量 4
智力 8	防禦力 5
魔力 8	生命力 5

　　繪者：池田正輝

奪取良善之力的女惡魔

即後來世人稱作「賈希」的瑣羅亞斯德教女惡魔。《阿維斯陀》的「維提吠達特（對抗惡魔的方法）」稱其為賣淫女，是將至高神阿胡拉・馬茲達傷得最重，是他最傷心也是最仇視的惡魔。賈西的凶眼能夠奪取諸多事物的三分之一，例如使河川水量減少三分之一、妨礙穀物成長造成部分地區的歉收。該文獻還說她能夠奪取有義之人三分之一的力量、正義和聖性，是比任何禍害都更應該先行根除的首惡。《創世紀》的創世神話說到，從前安格拉・曼紐曾經看著至高神創造的原始人類茫然自失，唯獨賈西成功讓安格拉・曼紐恢復正常。其實賈西起初並不甚強大，直到這件事情以後人們才相信賈西是安格拉・曼紐最強大的創造物。

第四章

第四章

惡靈—賈西

STRONG POINT
奪取三分之一的凶眼

無論何等有義之人，凶眼之力都會強行使其露出破綻，如此就連其他惡魔也有機可乘，因此對善人來說賈西極為棘手。

WEAK POINT
欠缺直接戰鬥的力量

凶眼可將人強行拉扯向邪惡傾倒、極為強大，可畢竟只屬於支援性質。一旦賈西直接面對神或天使戰鬥，凶眼恐怕無法發揮太大效果。

COLUMN

其他女惡魔

除賈西以外，瑣羅亞斯德教還有一群統稱為帕莉卡的女惡魔，她們會化成流星墜落大地。其中擁有固定名號的杜茲雅略、庫納桑迪、穆修，合稱「三大帕莉卡」。後來帕莉卡經過演變，轉而成為指稱女咒術師或賣淫的用語，換句話說人們相信這些賣春婦都是賈西的爪牙。

以邪眼削弱對手優勢

惡魔之戰

莉莉絲
(P.62)

這是場兩名女惡魔爭奪安格拉・曼紐正妻寶座的戰鬥。莉莉絲再怎麼說也是神親手創造的造物，單論外貌魅力則可謂佔盡優勢，但賈西卻可以利用邪眼使那魅力減為三分之二。若是如此，再加上曾經扮演安格拉・曼紐精神支柱的實績，情況應該對賈西比較有利。

99

Druj

得魯吉

▶▶ 名字的意義・由來 | 虛偽

▶▶ 出典
《阿維斯陀》、《創世紀》等

▶▶ 流傳地區
伊朗

▶▶ 能力
只要有生物的存在，得魯吉便能憑藉其屍體發揮力量，魔力甚高。另一方面，得魯吉畏懼犬隻和猛禽、弱點明確，因此防禦力低於平均。

速度 6
力量 5
防禦力 3
生命力 5
魔力 8
智力 5

繪者：米谷尚展

與穢厄結合的惡魔

得魯吉是安格拉·曼紐第一個創造出來的惡魔。起初她原是主司不義與虛偽的惡魔，也是「不義之人（Dhreugh）」的語源。她是執掌正義與真實的大天使阿夏的死敵，而瑣羅亞斯德教教義的精髓就在於「追求阿夏，戰勝得魯吉」。不過這層涵意後來逐漸遭到遺忘，得魯吉此語變成單純指稱象徵不淨概念的一種女惡魔。瑣羅亞斯德教聖經《阿維斯陀》的「維提吠達特（對抗惡魔的方法）」曾經記載到主司死亡穢厄的得魯吉·納蘇，說她會變成蒼蠅的模樣從地獄之門，亦即北方的阿蘇拉山出現，造成疾病與腐敗傳染。尤以平時必須接觸屍體（＝納蘇）的人更是直接面臨到得魯吉的威脅，不過採取特定淨化儀式便能將得魯吉趕出體外。

STRONG POINT
但有生物便有力量

得魯吉利用疫病疾病帶來死亡，又利用屍體作為溫床在世間撒播不淨穢厄。只要生物尚未死絕，得魯吉便擁有無止境的力量。

WEAK POINT
畏懼狗、猛禽與聖咒

得魯吉害怕狗和猛禽，所以無法接近鳥葬的屍體、發揮原有的力量，而神聖的咒文和除穢的儀式也可驅除得魯吉。

COLUMN

防堵得魯吉的對策 ──鳥葬

瑣羅亞斯德教相信，屍體受到安格拉·曼紐帶來的死亡污染，是世間最污穢不潔之物。神聖的生物和有義之人必須蒙受相等程度的惡才會死亡，所以這些屍體的穢厄特別強大，可能會使得神聖的火、土壤和水也受到污染，故而禁止火葬、土葬和水葬。另一方面，人們相信狗和猛禽能夠驅除得魯吉·納蘇，所以要將死者固定在山頂的塔上鳥葬。

惡魔之戰
利用屍體作為溫床撒播疾病
桑哈札
（P.38）

桑哈札麾下有巨人族拿非利人，單論戰鬥力則桑哈札佔優，而得魯吉則是必須先打倒一名巨人方能成事。但如果將戰場搬到人類聚落，情況就完全不同了；得魯吉甫一開戰便能利用病死者屍體作為溫床發揮力量，以病症劇烈的疾病侵蝕巨人，如此戰力差距便不是問題。

Astö.Vīðātu

阿斯圖・維達特

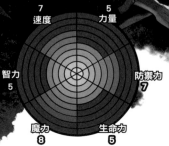

▶▶ 名字的意義・由來 | 斷骨者

▶▶ 出典 |
《阿維斯陀》、《創世紀》等

▶▶ 流傳地區 |
伊朗

▶▶ 能 力 |
傳說阿斯圖・維達特手中握有惡人的靈魂，並擁有直接殺人的力量，因此魔力想必頗高。基本上只有聖咒能夠剋制他，所以防禦力亦屬中上等級。

速度 7

力量 5

智力 5

防禦力 7

魔力 8

生命力 5

繪者：月岡ケル

覬覦在側意欲取人性命的強大惡魔

瑣羅亞斯德教相信阿斯圖·維達特是個帶來死亡的極強大惡魔，從每個人脫胎誕生的那一刻起便會想方設法奪取性命。面對其攻擊，阿胡拉·馬茲達則是派遣守護靈佛拉瓦奇以為防備。瑣羅亞斯德教相信「神聖的水和火是不會殺人的」，所以人們相信燒死者、溺死者、意外死亡者都是阿斯圖·維達特的犧牲者。民間傳說更相信這名惡魔的套索隨時都套在所有人的脖子上，善人死亡時這套索就會鬆脫，惡人就會被直接拉到地獄去。不過瑣羅亞斯德教其實還另外有個名叫維薩利什的惡魔。維薩利什會等在地獄的入口，然後按照死後第四天的判決結果，用繩索套住惡人的靈魂將他們牽引到地獄去。前述民間傳說似乎是這兩個信仰混淆融合的產物。

STRONG POINT
捕縛神靈的套索

阿斯圖·維達特手中套索能夠捕捉人類的靈魂，而這條套索對靈體同樣有效，照理說只要能套中目標，無論諸神還是其他惡魔都可以綁住。

WEAK POINT
對神聖咒文不具抵抗力

斯拉翁加、米斯拉以「阿胡那·法里耶」（注44）等神聖咒文和真言為武器，而阿斯圖·維達特也曾經不堪此類聖咒而逃竄。

COLUMN

以謹慎行動和繁殖多育對抗之

神創造的人類滅亡，便意味著阿斯圖·維達特的勝利。教徒有義務生下比遭其毒手人數更多的孩子，還要時時謹言慎行、時時向真言的化身米斯拉和斯拉翁加祈求守護。瑣羅亞斯德教的聖經非但有記載該如何照顧孕婦與孩童，還禁止信徒墮胎以及從事可能削弱自身生命力的苦行。健康的生活和多子多孫，也是一種對抗惡魔的手段。

惡魔之戰

關鍵在於能否用套索捆住對方
撒末爾
(P.46)

這是場與死亡墮天使的對決。若能套住撒末爾便能限制其行動、佔得優勢。撒末爾雖已墮落，可畢竟也曾經是個以對抗邪惡為使命的天使，理應是能征慣戰，即便沒有神的武器，戰鬥力同樣不容小覷，萬一沒能一舉成擒便將遭其反噬。

阿日・達哈卡

▶▶ 名字的意義・由來｜阿日乃指蛇或龍（達哈卡其意不明）

▶▶ 出　典
《阿維斯陀》、《創世紀》、《列王紀》等

▶▶ 流傳地區
伊朗

▶▶ 能　力

阿日・達哈卡通曉上千種法術故魔力極高，與魔力息息相關的智力同樣卓然超群，同時他還能振翅飛翔因此速度亦屬上乘。然其最終卻遭英雄屠殺，生命力與防禦力只算是普普。

速度 8
力量 9
防禦力 6
生命力 5
魔力 9
智力 9

繪者：長內佑介

安格拉・曼紐創造的惡龍

阿日・達哈卡是安格拉・曼紐所創，用來破壞至高神阿胡拉・馬茲特所有創造物的一頭龍。瑣羅亞斯德教聖經《阿維斯陀》說他是擁有上千法術的三頭龍，是被創造用來破壞所有良善物事的最強大的得魯吉。記載創世神話的《創世紀》則說他是隻雙頭龍、七頭龍，是安格拉・曼紐最邪惡的創造物，他曾經打倒賈姆希德王、一度掌握人類統治權，後來被英雄帝濤納封印於德馬峰。相傳阿日・達哈卡將在數千年後復活攻擊人類，然後再次遭英雄戈爾沙帕打敗。其後隨著伊朗的伊斯蘭教愈發興盛，阿日・達哈卡的反英雄特質愈發受到強調，11世紀敘事詩《列王紀》[注45]當中他已經變成了蛇王查哈克，最終敗給了英雄費里頓。

STRONG POINT
千種法術與無數毒蟲

雖已無從知曉內容為何，但上千種法術應是個強大的武器。另外據說阿日・達哈卡遭斬傷後，將有無數毒蟲從傷口湧出，應該也能構成戰力。

WEAK POINT
註定敗給良善者

阿日・達哈卡並無特別弱點，只是安格拉・曼紐的爪牙註定都要敗給良善者，無法戰勝信仰堅定的偉大英雄。

COLUMN

查哈克王
的末路

從前阿拉伯王子查哈克受惡魔誘惑而殺害父親篡奪王位，結果雙肩長出黑色巨蛇，而且這蛇每日都要吃人腦。其後伊朗因為戰亂紛起而接受查哈克為王，使得邪惡在他統治的千年期間在伊朗四處蔓延。最終查哈克王敗給了挺身反抗的英雄費里頓。當時天使現身曰「查哈克死期未到」，於是費里頓便鎖鍊將他倒吊在德馬峰的某個山洞深處。

惡魔之戰

千種法術使敵無法欺身
啟示錄的龍與獸
(P.82)

這是場魔龍對決。近身戰則啟示錄的龍較為有利，不過阿日・達哈卡也有千種法術。就算其中九成法術不管用那也還有一百種法術，不可能所有法術都對啟示錄的龍不起效果。若是這樣，那麼阿日・達哈卡就沒必要採取近身戰鬥，只要保持距離不斷施法應該就能獲勝。

Māra

魔羅

名字的意義・由來 ▎殺者／魔

▶▶ 出 典 ▎
《阿含經》

▶▶ 流傳地區 ▎
印度

▶▶ 能 力 ▎
煩惱有幾何，這位魔王的力量就有多高。其魔力在滿是煩惱的現代可謂達到了頂點。但凡煩惱尚存，魔羅的生命力便是無窮無盡。

速度 7　力量 8
智力 8　防禦力 8
魔力 10　生命力 10

繪者：なんばきび

「魔」的語源，煩惱的化身

魔羅是從前曾經試圖破壞佛教開祖釋迦牟尼悟道的妨礙者，名字是「殺者」的意思。他統治六道輪迴世界當中天道（天界）最底層的六欲天當中的他化自在天，是煩惱的化身。魔羅君臨世間所有抱有煩惱的眾生，又因他化自在天亦名「第六天」，故亦稱第六天魔王。「魔」此字有「妨礙善行的人、事、象」的意思，而這個字是由「摩」+「鬼」兩個字組成，是專為指稱魔羅而創造出來的漢字。魔羅加上意為「抱持惡意」的形容詞後便成了「魔羅波旬」，而此名的意譯正是「惡魔」。換句話說打從一開始，惡魔此語本來就是用來指稱魔羅的用語。日語之所以將男性性器稱作魔羅，便是因為從前修行僧經常以「魔羅」此語隱喻煩惱。

STRONG POINT
但凡敵人抱有煩惱便幾近無敵

魔羅的力量將會隨著煩惱增幅加成而愈發強大，是故所有心懷煩惱而可能屈服於誘惑者，都難逃魔羅的掌握。

WEAK POINT
開悟得道便即消滅

魔羅即是煩惱，煩惱遭到克服則魔羅就會衰弱，直到世間煩惱消失魔羅也會消滅。唯有如同佛陀那般心志堅定，才是擊敗魔羅的不二法門。

COLUMN

魔羅對
釋迦牟尼的妨礙

釋迦牟尼的得悟解脫對魔羅來說可是關乎存亡的危機，只要達致解脫的方法傳揚開來，魔羅力量的來源——煩惱就會隨之縮小甚至消滅。為此，魔羅先是準備了三個美麗的少女誘惑釋迦牟尼，接著又派出許多恐怖的怪物前來妨礙，用大量岩石和刀箭武器劈向釋迦牟尼，可是全部都失敗了。最終魔羅親自持環刃(注46)襲向釋迦牟尼，豈料環刃竟然變成了花環，魔羅只能承認失敗。

主宰一切煩惱的魔王，惡德的墮天使
彼列
（P.44）

主宰108個煩惱的魔羅，對決陷人於淫蕩與諸多邪惡的墮天使彼列，雙方的對決內容是「誰能讓更多的人類墮落沉淪」。從守備覆蓋範圍大小來看則魔羅比較有利，然若論誘人墮落的手腕則彼列也毫不遜色。看來這將會是一場難分軒輊的勝負。

Hiranyakashipu

希羅尼耶格西布

▶▶ 名字的意義・由來 | 金衣者

▶▶ 出　典 |
《薄伽梵往世書》

▶▶ 流傳地區 |
印度

▶▶ 能　力 |
希羅尼耶格西布是好戰的阿修羅族之王，整體來說能力值偏高。他歷經苦行之後獲得梵天賜福、從此幾近無敵，其中尤以防禦力特別突出。

速度 7　力量 9
智力 7　防禦力 10
魔力 6　生命力 9

繪者：NAKAGAWA

透過苦行獲得神通力的阿修羅王

希羅尼耶格西布是阿修羅王，其胞弟希羅尼亞克夏被毗濕奴殺死以後，他奮起展開長達三萬六千年的苦行，最終獲得梵天賜福，從此不論是在地上、空中、屋內屋外、白晝黑夜、神明惡魔、蛇蟲人獸或者各種武器都殺不死他。他征服了世界，擊敗了除毗濕奴、濕婆、梵天三大神以外的所有神明，可是他的兒子缽羅訶羅陀篤信毗濕奴，缽羅訶羅陀非但不聽父親和阿修羅教師講述的教義，還開始對其他孩子宣揚毗濕奴。希羅尼耶格西布認為缽羅訶羅陀將成阿修羅族的禍害，決定將他殺死，豈料毗濕奴的化身那羅希摩（半人半獅）竟然從他劈開的門柱裡（注47）跳了出來。希羅尼耶格西布秉劍持矛迎擊卻不敵被擒，終於被那羅希摩用爪子撕成了碎片。

STRONG POINT
梵天的恩賜

希羅尼耶格西布向梵天祈求的恩賜內容可謂鉅細靡遺，一般設想得到的各種事物都無法殺死他，使他近乎無敵。

WEAK POINT
不在諸多條件限制之下的強者

希羅尼耶格西布是被戳中諸多不死條件的漏洞而被殺死的，因此如果遭遇到比自己強大、更有智慧而又變化自在的對手，大概就難逃落敗了。

COLUMN

關於阿修羅兄弟的真相

希羅尼耶格西布兄弟的前世，是毗濕奴的王國外昆塔的守門人闍耶和毗闍耶。兄弟兩人因為觸怒聖仙（注48）而遭詛咒必須變成惡魔轉生三次，經過阿修羅族這一世以後，他們先是轉世成羅剎族的羅波那和鳩姆波迦哩納，然後又轉世成人類的君王童護和彎牙。兩人每次轉世均遭毗濕奴化身所殺，第四次轉世便能回到外昆塔。原來殺害其實正是毗濕奴對兩人的救濟。

以強大戰鬥力壓制對方
莫斯提馬
（P.40）

神和惡魔都無法殺死希羅尼耶格西布，而依神旨意試探人類的莫斯提馬雖然受世人視為惡魔，卻也不無可能有神性殘餘，兩種屬性兼有的非神非魔，因此不在無法殺死希羅尼耶格西布的條件之內。只不過敢於對抗神明的阿修羅王戰鬥力極高，如果雙方條件相同，仍以希羅尼耶格西布佔優。

惡靈

№.12

Aghāsura

阿迦修羅

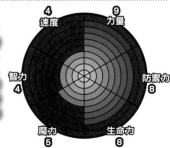

▶▶ 名字的意義・由來 | 惡的阿修羅

▶▶ 出 典 |
《薄伽梵往世書》

▶▶ 流傳地區 |
印度

▶▶ 能 力 |
根據體型判斷，
阿迦修羅肯定擁有
最高等級的力量、
防禦力和生命力；
相反地，魔力和智
力則相當平凡，亦
即典型的力量型角
色。

速度 4

力量 9

智力 4

防禦力 8

魔力 5

生命力 8

繪者：合間太郎

變身成巨蛇作戰的阿修羅

阿伽修羅是在印度經典《薄伽梵往世書》記載的邪惡君王剛薩麾下的阿修羅將軍。從前剛薩暴虐無道,最高神毗濕奴憤而化身為黑天降臨前來降伏;剛薩得知此事,遂命令阿迦修羅殺死當時只有五歲的黑天。阿迦修羅找到正在跟其他孩子玩耍的黑天,於是便變身為長達1由旬(約13公里)的大蛇攔住去路、張開巨大的蛇口,那蛇口大到上顎幾乎直達雲霄。孩子們好奇地鑽進了蛇的嘴巴裡面,黑天雖然知道這條大蛇便是阿迦修羅,仍然跟著隊伍走進去。阿迦修羅正欲發力將黑天咬碎,不料黑天卻在他的喉嚨裡巨大化,使得阿迦修羅窒息而死。

STRONG POINT
龐然巨體的萬鈞之力

阿迦修羅的作戰方式非常簡單,可以利用巨體纏繞絞殺,也可以張開大口直接吞進肚子裡,而他的森森白牙肯定也帶有劇毒。

WEAK POINT
呼吸困難窒息致命

阿迦修羅乃因黑天而窒息死亡,可見他必須呼吸方能存活。不過其實蛇類可以長時間停止呼吸,所以應該不會很快地輕易喪命才是。

COLUMN

遭貶抑為惡魔的阿修羅族

在古代的印度,阿修羅一語本指天空神縛嚕拏[注49]率領的神族。他們在波斯是正義的光明之神,其代表角色便是阿胡拉・馬茲達。自從以雷神因陀羅[注50]為首的提婆神族抬頭以來,阿修羅作為提婆族的敵對勢力開始逐漸被賦予了邪惡屬性。直到印度教成為主流以後,阿修羅才終於徹底被定位為眾神敵對者的統稱。

惡魔之戰

巨蛇與飛狼之戰
馬可西亞斯
(P.134)

論體格則能夠變成大蛇的阿迦修羅將佔有壓倒性優勢,但是想要擊敗能征善戰的馬可西亞斯並非易事。只知道將其吞進肚子裡了事,結果反而讓他在肚子裡大吐火焰,那可就不好收拾了。就算想要用龐然巨體將其壓潰,可是擁有飛行能力的馬可西亞斯也不是那麼輕易可以捉得住的。

惡靈

№.13

Śumbha

蘇姆婆

▶▶ **名字的意義・由來** | 殺戮者

▶▶ **出　典** |
《女神頌》

▶▶ **流傳地區** |
印度

▶▶ **能　力** |
蘇姆婆力量強大且
極具韌性，曾經數
度遭到女神的雷霆
重擊卻仍舊能重
新站起，力量、防
禦力、生命力都很
高。

能力	數值
速度	6
力量	9
防禦力	9
生命力	8
魔力	7
智力	6

繪者：合間太郎

征討女神的阿修羅王兄弟

蘇姆婆亦稱松巴,他和胞弟尼蘇姆婆都是阿修羅王。他力量強大且極擅戰鬥,曾經稱霸世界放逐眾神。眾神無奈只能跑到喜瑪拉雅山去唱讚歌,然後昌迪伽[注51]就出現了。蘇姆婆採納部下建議派遣使者去向女神求親,女神卻說「只有勝者才能當我的丈夫」。先是派過去的部隊遭到殲滅,蘇姆婆又親率數千軍隊出擊,反遭昌迪伽與昌迪伽生卜的女神迦梨、以及再度加入戰鬥的眾神聯手打得大敗,胞弟亦告戰死。蘇姆婆改換策略要跟昌迪伽單挑,他用八隻手臂射出數百箭矢、手持火焰槍矛劍盾發動攻擊,卻根本不起作用。就算失去了武器,蘇姆婆仍然與昌迪伽激烈地戰鬥、你來我往,最後終於被昌迪伽用長矛給砍成了碎片。

STRONG POINT
冠絕歷代阿修羅王的戰鬥力

雖說終究是敗了,可是蘇姆婆面對其他阿修羅都望風披靡的最強女神仍能鏖戰不殆,實力堅強。單論戰鬥力,則蘇姆婆在所有阿修羅王當中堪稱首屈一指。

WEAK POINT
喜好美色

儘管並非直接原因,不過當初蘇姆婆聽說女神貌美而欲佔為己有,也確實是他跟昌迪伽發生衝突的因素之一。可見蘇姆婆比較容易因為美色誘惑而失去理智。

COLUMN

成為明王以後的蘇姆婆兄弟

儘管蘇姆婆和尼蘇姆波在印度教中乃屬魔族阿修羅,密教卻吸收這兩個角色成為降三世明王、勝三世明王。兩位明王能夠驅除貪瞋痴三大煩惱,是同屬阿修羅的大日如來派遣的使者、抑或化身前來規勸濕婆改信密教。其佛像固然亦有雙臂四臂等版本,但大部分佛像仍如同神話記載那般共有八臂。頭顱則有三到四個,而其最大特徵就是腳下踩著大自在天(濕婆)和烏摩妃(帕瓦娣[注52])。

破壞敵翼再以近身戰鬥做了斷
弗爾弗爾
(P.132)

弗爾弗爾能飛還能召喚閃電,蘇姆婆若能不斷移動腳步、以箭雨將其擊落進入近身交戰便能獲勝,但是也要做好隨時可能有閃電擊落的心理準備。堅毅耐戰的蘇姆婆能否耐得住雷殛,將是勝負關鍵。

Bānāsura

巴拿蘇爾

▶▶ 名字的意義・由來 ┃ 箭之阿修羅

▶▶ 出典 ┃
《摩訶婆羅多》、《薄伽梵往世書》
等

▶▶ 流傳地區 ┃
印度

▶▶ 能 力
考慮到巴拿蘇爾有
本領能夠同時驅
動一千隻手臂動作
以及隨之而來的戰
鬥力，其力量和魔
力自然很高。同時
他還是一名阿修羅
王，其他方面的能
力值也高於平均。

速度 5

力量 8

智力 7

防禦力 7

魔力 8

生命力 6

繪者：米谷尚展

歸皈濕婆的阿修羅王

巴拿蘇爾是希羅尼耶格西布的來孫（注53），是阿修羅王末梨一百個兒子當中的長男。如同他公正且頗有德行的父王末梨，巴拿蘇爾也是個堂堂人物。其父信奉毗濕奴，而巴拿蘇爾則是信奉濕婆、得濕婆賜予千手千臂，並且成為自己治下都城索尼特普的守護神。可是強大也使他變得傲慢，濕婆曾預言曰「總有一天你的自尊心會被跟我相同等級的對手擊潰」。巴拿蘇爾的女兒叫作烏莎斯，她夢見並且愛上了阿尼盧陀（英雄黑天之孫），兩人發生了關係。巴拿蘇爾憤而將阿尼盧陀投獄，隨著衝突升級演變成為巴拿蘇爾與黑天一族的戰爭，後來他果然敗給黑天，應驗了濕婆的預言。

STRONG POINT
濕婆所賜千手千臂

阿修羅和眾神間素來多有戰鬥，其武器理應可以殺傷眾神才是。而巴拿蘇爾能夠同時用千手千臂使用各種武器，尋常人等根本難攖其鋒。

WEAK POINT
面對戰鬥力更高者將陷入苦戰

巴拿蘇爾之強大在於千手千臂所帶來的純粹戰鬥力，並無其他特殊能力，所以根本無法戰勝黑天這種實力更勝自己的敵人。

COLUMN

千手千臂仍
無法戰勝至高神

當時巴拿蘇爾拿五百張弓一千支箭射向黑天，反而被黑天射得丟了弓箭和戰車。他又掄起一千柄武器砍向黑天，這次又被黑天用環刃（注46）砍斷了996隻手臂。此時為巴拿蘇爾助戰的濕婆發現黑天真正身分、向黑天求饒，黑天說道「我答應巴拿蘇爾的曾祖父不殺其族人，砍斷手臂只是要挫一挫他的自尊心」。據說巴拿蘇爾獲救以後謝罪道歉，答應了女兒的婚事。

箭矢攻擊能否見效
阿日・達哈卡
(P.104)

巴拿蘇爾最好能不斷放箭並前進，趁敵人窮於防禦的同時進入近身戰的距離。其間若能射破龍翼，那便已經勝利在望。但如果阿日・達哈卡施法術刮起大風便將大大削弱箭雨的威力，而不會飛的巴拿蘇爾也將陷入苦戰。

▶▶ 名字的意義・由來｜水牛阿修羅

▶▶ 出典｜
《女神頌》

▶▶ 流傳地區｜
印度

▶▶ 能力｜
能夠變身還擁有只
有女性能夠殺死自
己的能力，魔力頗
高。摩醯濕力能
拔山，還能稍微承
受女神攻擊，因此
力量、防禦力、生
命力都很高。

速度 7
力量 9
智力 8
防禦力 10
魔力 8
生命力 9

擁有變身能力的大阿修羅

摩醯濕乃阿修羅王，是前代阿修羅王蘭姆巴之子。他透過苦行獲得除非女性否則無法殺死自己的能力，所以能夠在征戰百年以後將眾神從天界放逐到凡間。眾神去向毗濕奴和濕婆求助，眾神的力量集合起來向天空飛升，生出了女神昌迪伽（突迦）。摩醯濕率領所有阿修羅殺將過去，可是陸續都被昌迪伽和她生下的眷族打倒

了。摩醯濕盛怒之下變身成巨大的水牛，首先擊退了女神的眷族，又向女神本人挑戰。他陸續變身成獅子、劍士、巨象和水牛，但因為女神實在太過強大而陷入苦戰，終於摩醯濕被女神踩在腳下動彈不得；就在他的真身要鑽出水牛嘴巴的時候，被砍下了首級。

STRONG POINT
變身和唯有女性能殺自己的不死能力

摩醯濕擁有除非女性否則殺不死自己的不死能力，還能變身成獅子、大象或全副武裝的男子等各種模樣。他每一負傷時就會變身成不同模樣，如此似乎也有避免遭受致致命重創的效果。

WEAK POINT
不敵實力更勝自己的女性

摩醯濕並無特別重大弱點，只是可能會敗給像女神昌迪伽這種戰鬥力比自己更高的女性。

惡魔之戰
雖說不是強大女性便有機會獲勝

馬可西亞斯是頭擁有羽翼和蠍尾的母狼，能夠騰空飛行、噴射烈焰。摩醯濕應該先變成人類以箭矢貫穿其翼，然後再變身巨獸給予致命一擊。不過馬可西亞斯也能變身成優秀的鬥士，而且這頭「母狼」有可能會變成戰力強大的女鬥士，若對方實力凌駕自己那便勝機渺茫了。

馬可西亞斯
（P134）

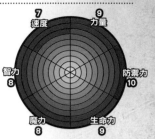

Raktavija

羅乞多毗闍

▶▶ **名字的意義・由來** | 以血作種者

▶▶ **出典** |
《女神頌》

▶▶ **流傳地區** |
印度

▶▶ **能力** |
羅乞多毗闍擁有創造分身的特殊能力，加以大量失血仍要繼續戰鬥的堅韌性情，魔力和生命力相當高，至於其他能力值就略低於眾多阿修羅王。

速度 6
力量 6
智力 6
防禦力 5
魔力 9
生命力 8

使眾神為之戰慄的特殊能力

羅乞多毗闍是蘇姆婆、尼蘇姆婆兩兄弟麾下的阿修羅。其戰鬥力固然不比阿修羅王，卻擁有能將飛散的鮮血變成分身戰士的特殊能力。他在攻打昌迪伽（注51）女神一役當中擔任指揮官，當時他見阿修羅族遭女神軍隊壓倒屈於劣勢，便拎著棍棒親自上陣。羅乞多毗闍的攻擊本身並未對女神起到太大效果，可是他負傷時噴濺的鮮血竟然變成了無數的分身、鋪天蓋地幾乎要覆蓋整個世界，讓旁邊觀戰的眾神大為震撼。昌迪伽一面親自應付羅乞多毗闍，一方面命令女神迦梨「吞噬分身、將流出的鮮血喝乾」，結果羅乞多毗闍遭昌迪伽痛擊，血涸而亡。

STRONG POINT
血霧下的無數分身

羅乞多毗闍戰鬥力不如阿修羅王，卻也擁有將軍等級的實力。其分身會隨著流血而不斷增加，敵人若無對策便終將被數量優勢湮沒。

WEAK POINT
流血不利長期戰鬥

雖說羅乞多毗闍分身的能力與本體相同，可是不斷流血亦有風險，遇到防禦力較高又或者是能夠一擊打倒許多分身的敵人便容易陷入長期作戰，相當不利。

惡魔之戰

發動分身齊攻及早取勝

撒共（P.146）

撒共雖有翅膀，不過戰鬥模式應該仍是以近身格鬥為主。羅乞多毗闍故意受傷製造分身、拖住敵人腳步不斷攻擊固然可能獲勝，然則撒共有種把血變成油的特殊能力、相當棘手，羅乞多毗闍最好速戰速決。如果敵人擁有變換所有物質的強大力量，恐怕就凶多吉少了。

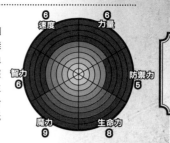

Rāvan.a

羅波那

▶▶ 名字的意義・由來 | 吼叫者

▶▶ 出典 |
《羅摩衍那》、《摩訶婆羅多》、《薄伽梵往世書》等

▶▶ 流傳地區 |
印度

▶▶ 能力 |
跟最高神化身打得旗鼓相當的戰鬥力、鏖戰七天七夜的體力，擁有相當高的力量、防禦力和生命力。僅管有條件限制，但他無法被特定人物殺死，因此魔力值亦高。

速度 6
力量 9
防禦力 9
生命力 8
魔力 8
智力 5

多頭多臂形態特異的王

羅波那是羅剎王，其父是聖仙^(注48)毗什羅瓦，母親是名羅剎女。他有十個頭顱二十隻手臂，本名叫作達舍那那（十頭者）。後來他從事苦行修煉、把頭一個個砍下來放在火上烤，從而獲得梵天賜予他不會被神、阿修羅、羅剎、夜叉、毒蛇殺死的異能。這些異能使他變得驕傲自矜，他還從義兄俱毗羅手中奪取了楞迦島^(注54)以及騰空飛行的戰車普什帕卡，將世界搞得烏煙瘴氣。即使被濕婆盯上仍執意反抗，從此被人喚作羅波那。羅波那曾經率領眾子打敗諸神，甚至還綁架毗濕奴所化英雄羅摩的妻子悉多，引發一場大戰。最終他挑戰羅摩，被「因陀羅之箭」貫穿心臟而亡。

STRONG POINT
跟神的化身相匹敵抗衡的戰鬥力

羅摩是神的化身，他不僅擁有超人的力量，而且他身為人類並不在梵天恩寵的限制之內。相傳羅波那跟這位羅摩的戰鬥持續了整整七天，可見羅波那肯定是當代頂尖的戰士。

WEAK POINT
易受美色迷惑

關於綁架羅摩妻子這事，羅波那的心腹其實是反對的，可是好色的羅波那卻不聽忠告而終於自取滅亡。

惡魔之戰
光論戰鬥力並不遜色

正面對決則羅波那可謂是有勝無敗，只不過姑且不論格莫瑞真面目如何，這副美女模樣還知道寶藏的下落，重慾如羅波那很可能不耐誘惑，滿心以為能得到格莫瑞而反遭利用。

格莫瑞
(P.142)

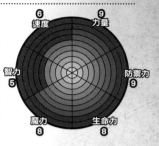

因陀羅耆特

名字的意義・由來 | 帝釋天的征服者

出典 |
《羅摩衍那》等

流傳地區 |
印度

能力 |
因陀羅耆特非但能使魔法，還能在特定條件下呈現無敵狀態，魔力極高，相對地智力也高。另外他也是名力量強大的神射手。

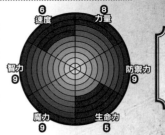

- 速度 6
- 力量 8
- 防禦力 9
- 生命力 5
- 魔力 9
- 智力 9

令英雄陷入苦戰的魔法戰士

因陀羅耆特是羅剎王羅波那的長子，本名彌迦那陀。他曾向傳為聖仙(註48)或神明的蘇羯羅拜師學藝，是位魔法武藝雙全的戰士。他曾經與羅波那並肩對抗眾神，捉住了因陀羅（帝釋天）獲得勝利。他應梵天要求釋放因陀羅，並因此獲得了因陀羅耆特之名，獲得了一台「只有在祭火神時才會出現的戰車」，還有「只要坐在戰車上便可不死的力量」。這些寶貝和異能在他對抗英雄羅摩的戰役當中派上了大用場，例如一旦擊中便能綁住敵人的武器那迦龍索和隱形術等，讓羅摩陣營吃盡了苦頭。後來竟是叔父維毗沙那倒戈投向羅摩、洩漏祭祀火神儀式的祕密，使得因陀羅耆特還沒來得及舉行儀式便遭羅摩胞弟羅什曼那伏擊，被「因陀羅之箭」射中腦門而亡。

STRONG POINT
揉合魔法與武藝的戰技

因陀羅耆特能施魔法隱匿身形、駕著戰車箭矢連發打擊敵人，堅強如羅摩陣營，尚未獲得關鍵情報之前亦是束手無策、損失慘重。

WEAK POINT
不死之身須得舉行儀式

因陀羅耆特的不死之身須得事先舉行祭祀儀式召喚戰車，若遇奇襲而無暇舉行儀式，便有可能被擊敗。

惡魔之戰
坐在戰車上便絕不會敗

彼列會駕著火焰戰車前來，其戰車固然備有弓箭長槍等各種武器，可是因陀羅耆特只要坐在戰車上便是無敵，正面衝突絕不會敗。然則彼列能夠附身於物質之上，萬一戰車遭其附身翻倒，倒也並非不可戰勝。

彼列
(P.44)

Kumbhakarn.a

鳩姆婆迦哩納

▶▶ 名字的意義・由來｜水罐的提耳

▶▶ 出典｜
《羅摩衍那》等

▶▶ 流傳地區｜
印度

▶▶ 能力｜
鳩姆婆迦哩納體型巨大，擁有和體型相襯的怪力，還具備即便遭羅摩陣營眾猿猴圍攻都不為所動的防禦力。看似動作遲緩，但步伐極大，所以移動速度其實很快。

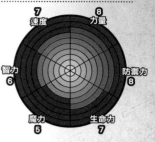

速度 7
力量 8
防禦力 8
生命力 7
魔力 5
智力 6

魁梧奇偉的巨人戰士

鳩姆婆迦哩納是羅剎王羅波那的胞弟。年輕時，他從事苦行卻未能將願望精確地告知神明，結果因此過了幾個月睡睡醒醒的生活。他好食生肉而且食量極大，是楞迦島（注54）的第一巨人。他的長相實在太嚇人，後來攻打他的羅摩軍眾猿猴只消看見他的模樣便恐慌不已。出人意料的是，鳩姆婆迦哩納其實心地純真還頗講道理，曾經指責兄長並勸說他跟羅摩講和，是個相當穩重的人物。然則他始終無法棄同族於不顧，還是應兄長羅波那的要求出陣。眾猿猴的攻擊對他根本不起作用，又是揮舞長槍、又是投擲巨岩，最後甚至捉住敵人大嚼特嚼，大殺四方。可惜他最終還是被羅摩的箭雨和環刃（注46）攻擊砍斷了手腳，被「因陀羅之箭」射中腦門而亡。

STRONG POINT
強壯的龐然巨體和怪力

據說出陣當時，原本睡夢中的鳩姆婆迦哩納是在數百頭大象踩踏之下才好不容易踩過來的。其巨體強壯到眾猿猴的攻擊根本傷不到他絲毫，力量也極為強大。

WEAK POINT
神兵利器

雖說身體堅固強壯，那也只是在面對普通武器方才如此；面對神明所授強大武器，身軀龐大不易閃躲反而容易成為致命傷。

以岩石或巨木將敵人擊碎

摩洛會降臨寄附於巨大的青銅像，硬度雖然高但相對地動作應該會比較遲緩。鳩姆婆迦哩納可以投擲巨岩轟炸，或者拔起樹木充作棍棒打擊，只要先將對方的青銅身體破壞便能獲勝。只是鳩姆婆迦哩納畢竟是肉身，並非完全不知疲勞，必須在累到動彈不得之前分出勝負

摩洛
（P.76）

▶▶ 名字的意義・由來 ｜惡鬼／惡靈

▶▶ 出　典 ｜
歐洲傳說

▶▶ 能　力 ｜
夢魔能讓人做惡
夢，魔力是最高的
一項。據說他還
能變成蝙蝠飛行
移動，速度還頗
快，不過就戰鬥
力而言整體能力偏
低。

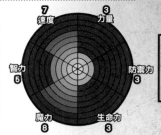

速度 7
力量 3
防禦力 3
生命力 3
魔力 8
智力 5

讓睡眠者做惡夢的惡靈

夢魔是種讓人做惡夢的惡靈。英語的「惡夢」作「Nightmare」，而「mare」此字本是古英語所謂鬼神或惡靈之意，再往前則可追溯至古代北歐語的「mara」（與魔羅同語源）。由此可見，自古以來人們便相信惡夢與惡靈有關。後來惡夢的原因變得具體如「惡靈坐定在睡眠者胸口」，甚至又跟夢遺、春夢的概念結合，演變

形成奪取男性精液的女夜魔，以及使睡夢中女性懷孕的男夜魔。此二者看似不同，不過也有人認為這是種「能在兩種形態間切換的同一個惡魔」，而「mare」此概念也漸漸變成指稱這些惡靈、夢魔，而不是惡夢。另外我們經常在描繪惡夢的電影或遊戲中看見馬怪，那是因為英語的「mare」也有母馬的意思。

STRONG POINT
惡夢恐懼可以殺人

人類有時候會因為過度的興奮或恐懼而導致心臟衰竭，也就是說做惡夢而致死是有可能的，其實夢魔對人類來說遠比想像中的還要更加危險。

WEAK POINT
不善於正面對決

夢魔是種透過惡夢使人死亡或衰弱的惡魔，戰鬥力自然無法期待，不適於正面對決。如果面對不眠的敵人，就失去了有效的攻擊手段。

惡魔之戰
趁著睡眠以惡夢暗殺之

希羅尼耶格西布
（P.108）

雖說阿修羅是以靈魂為本體，但他們在現世擁有肉體而且也會睡覺。儘管說尋常角色殺不死希羅尼耶格西布，但惡夢是誘發死亡而非直接殺害，確實有可能藉此打倒對方。然則萬一失敗，希羅尼耶格西布醒轉後便可輕易將自己擊倒，風險也很大。

Devil Battle 4
惡魔之戰

四處尋求戰鬥的阿迦修羅在波濤浪間發現利維坦搖曳的身影，
旋即變身成巨蛇、發出尋釁挑戰的長吼。利維坦發現強敵出現亦是血脈翻騰，很快便進入戰
鬥模式。擁有世所罕見龐然巨體的雙雄，如今就在地獄海岸正面衝突！

詳情見P.110！

	4 速度		9 力量	
智力 4				防禦力 8
	魔力 5		生命力 8	

變身大蛇的印度惡魔
阿迦修羅

印度惡魔阿修羅族的其中一名，能夠變身成為全
長達13公里、大得離譜的巨蛇戰鬥。阿迦修羅
能用龐大卻柔軟的身軀絞殺敵人，破壞力超乎想
像，而隱藏於森森白牙之內的劇毒同樣也是不可
輕侮的致命武器。

體型超常的巨大海龍
利維坦

唯一神所創造最強大的海洋
生物。利維坦狂暴難制，就
連神都要將原先成對的利
維坦殺死一隻以免繁殖。利
維坦力量強大、裝甲堅固厚
實，而且擁有操縱水的能力。

詳情見P.20！

	6 速度		9 力量	
智力 7				防禦力 10
	魔力 7		生命力 8	

　繪者：合間太郎

Round 1
利維坦捲起海嘯
強襲阿迦修羅！

變身大蛇的阿迦修羅從海岸上傲然俯視著利維坦。眼見挑戰者如此猖狂，利維坦愈看愈怒，捲起巨大海嘯就要予以重擊。豈料，阿迦修羅竟然悠然乘著巨浪，簡直渾不在意。

DANGER！

海嘯

利維坦身為海洋支配者本來就擅使水系魔法，而海嘯便是水系魔法當中最強大的法術之一。

阿迦修羅非但沒被沖擊潰敗，反而以優雅流暢的線條游動於巨浪之間

兩雄相爭演變成肉搏戰

利維坦見海嘯沒有效果,立刻改採近身肉搏戰。他撲向游走於海面的阿迦修羅,死死咬住其胴體要將對方拖入海中,其利齒穿透了鱗片、深深嵌入阿迦修羅的血肉。

DANGER!

尖牙

利維坦兩顎帶有無數銳利的牙齒,嘴巴也能噴射火焰。

利維坦利齒將
敵人粉碎

Aghāsura

Leviathan

LIFE 56000/80000

LIFE 80000/80000

阿迦修羅傾盡渾身之力
絞殺利維坦！

阿迦修羅忍著劇痛，粗長身軀從利維坦前臂一直纏上頭部，然後將身體愈收愈緊。即便利維坦的重裝甲也無法承受其驚人力道而致角折骨碎。利維坦身負重傷再無戰意，轉身便往深海中逃竄。

利維坦吃痛不住、敗逃潛往海底！

絞殺

利用粗長身軀絞殺獵物是蛇類生物的傳家絕活，像阿迦修羅這種體型的巨蛇，任何物事都將化為齏粉。

Aghāsura

Leviathan

LIFE 56000/80000

LIFE 16000/80000

印度神話的惡魔

迥異於一神教惡魔的印度神話惡魔

印度神話的阿修羅本指天空與律法之神縛嚕拏[注49]及其眷族，也就是所謂的阿迭多神群，本是群跟因陀羅等提婆神族鼎足而立的神明。其實提婆神族主要是由全世界隨處可見的諸多自然現象發展形成的眾神，比較容易受人接納，相較之下阿迭多神群卻是知識、魔力等咒術性格強烈，比較不容易受民眾接納。再說因陀羅神在古印度人氣超高，而縛嚕拏又經常與因陀羅敵對，所以阿修羅從此淪為反派角色也可以說是其來有自。至於時不時就有個強大的阿修羅王現世並征服神話世界，可以說是為他們曾經的神族身分留下的一個佐證。

除阿修羅以外，印度神話裡還有羅剎（女性稱羅剎女）和夜叉（女性稱夜叉或藥叉女），這些都是吃人的惡鬼，是由土著精靈或原住民族達羅毗荼人[注55]演變形成。之所以如此，那是因為印度曾經在西元前 1500 年遭雅利安人由伊朗高原入侵，而現今傳世的神話和敘事詩均是成於雅利安人之手。劃定身分藩籬的種姓制度亦是雅利安人的產物，也就是說雅利安人從自己跟原住民族的爭鬥史當中，在達羅毗荼人身上看見了羅剎和夜叉的影子。

印度神話還另外有支或許不算惡魔的那迦族，此族是由從前南部達羅毗荼人信仰的蛇神那迦演變而成。

印度神話惡魔與其他宗教亦有關聯

瑣羅亞斯德教與佛教都將阿修羅奉為神明；瑣羅亞斯德教的最高神祇阿胡拉‧馬茲達的語源與阿修羅相同。相反地，代表惡魔的提婆（Daeva）語源則是與提婆神族相同。

阿修羅在佛教中是守護佛法的天龍八部之一，相當於密教中的明王。而羅剎在梵語中有「守護」之意，在佛教中同樣被奉為佛法的守護者羅剎天。夜叉亦然，佛教指其為毗沙門天的眷族，是財寶的守護者。

敘事詩《羅摩衍那》所繪羅剎王羅波那及其眷從羅剎族。藍黑膚色的惡鬼模樣，來自雅利安人對精靈和原住民的恐懼心理。

圖為興福寺的阿修羅像。佛教有許多阿修羅的傳說，其中許多故事都講到阿修羅跟相當於因陀羅的帝釋天相爭之事，反映了兩者的關係。

第五章
哥耶提雅

瑪巴斯

Marbas

▶▶ 名字的意義・由來 | 有鬍者

▶▶ 出　典 |
《哥耶提雅》、《大奧義書》、《惡魔的偽王國》、《妖術的揭發》、《溫莎的風流婦人》、《亨利五世》、《地獄辭典》

▶▶ 流傳地區 |
歐洲

▶▶ 能　力 |
瑪巴斯在眾多惡魔當中實力屬於中上，長相基本上像隻獅子，身體能力優越。瑪巴斯精通神祕知識和祕密，智力亦高。

| 地位 ▶ 大總統 |
| 軍團數 ▶ 36 |

速度 6　　力量 6
智力 7　　防禦力 7
魔力 5　　生命力 6

　　繪者：合間太郎

揭露祕密、招致疾病的惡魔

瑪巴斯是所羅門王72魔神當中的第5位，是統率36個軍團的大總統。他通常會以獅子形象現身，不過也可以應召喚者命令變身成人，又或者是讓其他人類變身。瑪巴斯紳士且富知性，能夠傳授各種神祕知識和祕密，又精通機械工學和手工藝。另外他還能任意操縱病魔，可以使其蔓延但也可以治療疾病。《惡魔的偽王國》稱其為巴巴斯，據說莎士比亞兩齣戲劇都有登場的巴百松（Barbason）便是其別稱。《大奧義書》說他是宰相路西弗葛·洛弗卡雷的屬下，斯科特《妖術的揭發》則說他是派蒙的長官；大王位階的派蒙竟然要服從於總統，看起來雖然奇怪，但其實72魔神都是並列的，所謂階級可以把它看作是種單純的分類就好。

STRONG POINT
召喚疾病之力

瑪巴斯眾多能力當中，適用於作戰的當屬操縱疾病之力。它或許無法立即收效，卻確實可以侵蝕敵人的身體。

WEAK POINT
不明

瑪巴斯是地獄宰相的部下，魔下還有大王跟隨服從，應該很強才是。而且從外觀看起來也不像是有什麼特別的弱點。

COLUMN

劇場中亦成
話題人物的百巴松

莎士比亞所著《溫莎的風流婦人》（注56）當面咒罵百巴松時，曾經說他是堪與魔王路西法、東方之王亞邁蒙相提並論的惡魔。《亨利五世》（注57）則有段說到「不停唱誦solus便能召喚這名惡魔」。「solus」此語本是拉丁語「單獨」之意，然其發音近似靈魂（Soul）和太陽（Sol），相當匹配他獅子模樣的魔神形象。

VS 惡魔之戰

散佈疾病的獅王之爭
帕祖祖
(P.92)

雙方都是擅長操縱病魔的惡魔，因此首先就要在這個領域分出高下。雖說魔力高低將直接影響敵我的優劣消長，而瑪巴斯的治癒能力卻是額外的利多。另一方面，帕祖祖除熱風攻擊以外，還留有召喚大量蝗蟲這手棋。

129

哥耶提雅
No.02

派蒙

Paimon

名字的意義・由來｜鈴鐺的聲音

▶ 出 典｜
《哥耶提雅》、《地獄辭典》、《惡魔的偽王國》、《妖術的揭發》、《細說神祕哲學》、《教皇洪諾留的魔導書》、《慕尼黑黑魔法手冊》

▶ 流傳地區｜
歐洲

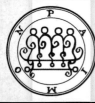

| 地位 | ▶ 大王 |
| 軍團數 | ▶ 200 |

▶ 能 力｜
派蒙學識非常淵博，能傳授任何知識予召喚者，智力值很高。他的魔下還有超過200個惡魔軍團，力量想必也不低才是。

速度 5
力量 7
智力 8
防禦力 6
魔力 6
生命力 5

繪者：aohato

授人技術與智慧的淵博魔神

派蒙是所羅門王72魔神當中的第9位。許多文獻曾經提及其名，其中尤以《惡魔的偽王國》記載最詳細；該書說他本是熾天使或主天使，現如今則是率領200個軍團的大王。派蒙是個擁有女性容貌的男子，戴著會發光的頭冠，騎著一匹腳程很快的單峰駱駝，會在號角、銅鈸等樂器組成的魔神樂團隆重音樂聲中現身。派蒙嗓門極大，剛開始根本無法跟他對話，

必須先以神聖力量將其降服。他學識淵博並知道許多關於地、水、風和地獄的祕密，他不但能賜爵位予召喚者，還能傳授哲學、藝術、科學等知識，贈送幹練的魔寵。除此之外，派蒙能替召喚者用鎖鍊施咒綑縛敵人，使其臣服於自己。準備供品向派蒙獻祭就能夠召喚出一個小型部隊，包括貝巴爾和阿巴拉姆兩個王（能天使25個軍團的指揮官）。

STRONG POINT
惡魔軍團

據說派蒙麾下率有多達超過200個由能天使＆天使構成、規模各異的軍團。只要並非特別厲害的強敵，以數量優勢的暴力應當便能將其抹殺。

WEAK POINT
無

派蒙嗓門極大，必須先將其降服方能展開對話算是唯一的美中不足。只不過聲音大在戰鬥中並無負面影響，應該不能算是弱點。

COLUMN

頭銜職掌說法不一，實力堅強卻是不變的事實

派蒙是最能理解魔王路西法想法的惡魔，是心腹中的心腹，握有極大權力。又有文獻說他是主宰東南西北其中一個方向（西或北，抑或西北）的四方之王。另外阿古利巴的《細說神祕哲學》則是將派蒙視同於阿撒瀉勒。無論如何，派蒙是地獄當中首指一指實力派似乎是不變的事實。

VS 惡魔之戰

能否活用數量優勢
安格拉・曼紐
（P.96）

一邊是率領眾多災厄與惡龍阿日・達哈卡的暗黑神安格拉・曼紐，一邊則是統率超過200個惡魔軍團的地獄之王。派蒙能否發出明確的軍令調動惡魔軍團，切斷阿格拉・曼紐和阿日・達哈卡的連繫，將其各個擊破，將是戰鬥的關鍵。

哥耶提雅
No.03

Furfur

弗爾弗爾

▷▷ 名字的意義・由來 | 惡徒／遙遠

▷▷ 出典 |
《哥耶提雅》、《地獄辭典》、《惡魔的偽王國》、《妖術的揭發》

▷▷ 流傳地區
歐洲

| 地位 ▶ 大伯爵 |
| 軍團數 ▶ 26 |

▷▷ 能 力 |
若將魔下軍團戰力也納入考量，弗爾弗爾的力量與防禦力高於平均值。他能操縱天候和人類的情感情緒，魔力智力應該頗高。

能力值

- 速度 5
- 力量 5
- 防禦力 6
- 生命力 5
- 魔力 7
- 智力 7

繪者：七片藍

操縱天候和情感的魔神

弗爾弗爾是所羅門王72魔神當中的第34位，是統轄26個軍團的大伯爵。其外觀本是隻帶有燃燒尾巴的公鹿，直到普朗西《地獄辭典》插畫幫他添上一對蝠翼、將其擬人化，從此這便成了他的固定形象，酷似波赫士《幻獸辭典》當中的鹿頭鳥(注58)。他會滿口謊言試圖誆騙召喚者，而召喚者只要在地面畫個三角形、用咒語將其囚禁於三角形中，弗爾弗爾就會變成天使的模樣，然後用獨特的沙啞聲音老老實實的回答任何問題。弗爾弗爾擁有操縱天候的能力，能夠任意召喚落雷、閃電、疾風和暴風雨。另外他還能控制情感，甚至具備能令特定男女墜入愛河的「月老式」能力，並且通曉各種祕密和神聖事物等相關知識。

STRONG POINT
天候操作

弗爾弗爾的最大強項，當屬天候操作。閃電和疾風等現象根本防不勝防，這種能力別說是人類，對惡魔同樣也是極有效的攻擊手段。

WEAK POINT
三角形

弗爾弗爾被囚禁在咒縛三角形當中時，外貌和性格會產生變化。此時他固然能夠操縱天候卻無法說謊，一旦面臨爾虞我詐的智計較量將很是不利。

COLUMN

名字由來
諸說紛紜

關於弗爾弗爾這個名字的由來有各種說法。拉丁語的弗爾（fur）有「小偷」或「無賴」的意思，而弗爾弗爾便可以解釋為此涵意的加乘加倍。還有個說法指此語可能是「惡徒furcifer」的變化形。弗爾弗爾另外有個別名叫作弗爾圖爾（Furtur），類似於英語的「更遠further」，給人造成一種能夠迅速移動到遠方的印象。

VS 惡魔之戰

遠距離戰鬥便有勝算
利維坦
（P.20）

利維坦是舊約聖經亦有記載、形似巨蛇的怪物。雙方體型差距極大，因此弗爾弗爾應該設法避免正面作戰，活用操縱天候能力進行遠距離打擊才是上策。如何周旋方能不讓利維坦縮短距離，乃是此戰的勝負關鍵。

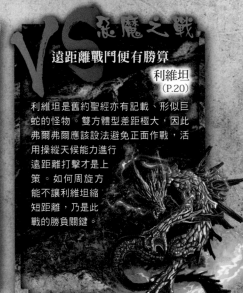

哥耶提雅

No.04

Marchosias

馬可西亞斯

地位 ▶	大侯爵
軍團數 ▶	30

▶▶ 名字的意義・由來 | 侯爵

▶▶ 出 典
《哥耶提雅》、《地獄辭典》、《惡魔的偽王國》、《妖術的揭發》

▶▶ 流傳地區
歐洲

▶▶ 能 力
相傳馬可西亞斯是名倔強的戰士，力量和防禦力等能力值應該高於平均。另說他能針對召喚者的發問提出正確解答，可見擁有相當程度的知識。

	速度 5	力量 7	
智力 6			防禦力 7
	魔力 5	生命力 6	

134　　　　繪者：森野ヒロ

忠心不二的戰士

馬可西亞斯是所羅門王72魔神當中的第35位，是統率30個軍團的大侯爵。其外觀就像是頭長著鷲鷹羽翼和蛇尾的狼，能夠口吐火焰（維耶爾《惡魔的偽王國》說他是「猙獰凶猛的母狼」，「具體吐的是什麼東西不得而知」）。他對召喚者極為忠誠，只要獲得命令便也能變身成男人的模樣。馬可西亞斯是名倔強的戰士，也是能夠真實回答召喚者疑問的智者。他原屬天使階級排名第四的主天使位階，當初如何墮落地獄已不復得知，不過從前所羅門王召喚時他曾說出願望「希望能在1200年後回歸第七天的寶座」，據說此願望也受到天界的接納允可。另一方面《惡魔的偽王國》卻說「其希望未得實現」斬釘截鐵地否定了此說法，不由得使人心感哀慽。

STRONG POINT
變身能力

馬可西亞斯受召喚之初將以狼的模樣現身，獲得命令便也能變身成人類。可以應不同對手而切換噴火狼和頑強戰士兩種形態，是馬可西亞斯一大優勢。

WEAK POINT
遙不可及的希望

就現狀而論，馬可西亞斯並沒有什麼天敵或重大弱點。硬要挑骨頭的話，緊緊捉住渺茫希望不肯放手的軟弱，不無可能在惡魔之戰當中變成他的一大弱點……

COLUMN

在人類世界超人氣？受人喜愛的魔神馬可西亞斯

帥氣的外貌和誠實的性格，使得馬可西亞斯一直以來廣受人們喜愛。日本魔法師江口之隆著有《西洋魔物圖鑑》，主張馬可西亞斯是格莫瑞的騎獸。另外90年代的人氣電視節目「活力樂團天國」（いかすバンド天国）當中，就有個團名叫作「Marchosias Vamp」的搖滾樂團，他們經過與「たま」樂團的激烈競爭之後，贏得了第四屆的總冠軍。

VS 惡魔之戰

以狼型態作戰則實力五五波
亞斯她錄
(P.64)

亞斯她錄騎著形似惡龍的巨獸，以惡臭劇毒的吐息為武器進行戰鬥。馬可西亞斯的狼型態帶有鷲翼可以振翅飛翔，機動力並不遜色；先以火焰吐息抗擊劇毒吐息並且伺機接近，若能以狼牙造成致命傷則馬可西亞斯便有機會獲勝……

哥耶提雅
No.05

phoenix

菲尼克斯

P
H
E
Y
N
X
I

地位 ▶ 大侯爵
軍團數 ▶ 20

▶▶ 名字的意義・由來 ｜赤紫

▶▶ 出　典 ｜
《歷史》、《以諾二書》、《哥耶提雅》、《地獄辭典》、《惡魔的偽王國》、《妖術的揭發》等

▶▶ 流傳地區 ｜
埃及／歐洲

▶▶ 能　力 ｜
燃燒重生的不死鳥惡魔。若其能力性質正如傳說中的聖鳥，則菲尼克斯的魔力與生命力可說是相當地高。

速度 7
力量 5
防禦力 4
智力 5
魔力 7
生命力 10

136　　繪者：aohato

魔神不死鳥

菲尼克斯是所羅門王72魔神當中的第37位，是統轄20個軍團的大侯爵。受召喚以後將以不死鳥模樣現身，以甘美如同人類幼兒的歌聲唱出許多美麗曲調（《惡魔的偽王國》說這歌聲蠱惑人心，須得小心防備）。若召喚者強制命令菲尼克斯，他可以變成人類的模樣、滔滔不絕地講述科學的偉大，同時他也是個優秀的詩人。如同馬可西亞斯，菲尼克斯同樣「希望能在1200年後回歸第七天的寶座」。事實上，舊約聖經偽經《以諾二書》便記載到主司世界秩序的第六天有七隻菲尼克斯棲息，他們會連同最高位的熾天使七隻、次高的智天使七隻總共21隻菲尼克斯圍成圓圈，合聲唱出難以言傳的悠美歌聲。彼等墮天以前便是如此的熠熠生輝，而即便淪為惡魔以後菲尼克斯仍然難以忘懷從前的歌聲，實在令人唏噓不已。

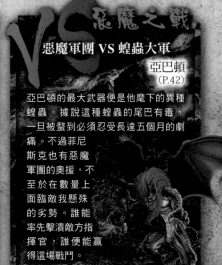

STRONG POINT
不死的肉體

無論面對什麼樣的對手，菲尼克斯的不死之身都是個絕佳優勢。另外菲尼克斯很可能也擁有操縱火焰的能力、火焰耐性極高。

WEAK POINT
能否浴火重生乃是關鍵

若菲尼克斯便是傳說中的不死鳥，那勢必要死亡以後才能重生。反過來說，菲尼克斯這是要讓敵人殺死自己，若遭敵人按住火勢那便無法浴火重生，恐將成為致命傷。

COLUMN

傳說中的火鳥究竟何物？

菲尼克斯首見於希羅多德的《歷史》（西元前5世紀），是種棲息於阿拉伯、帶有金黃色和深紅色羽毛的猛禽。父鳥死後，子鳥會將其遺骸放進用藥物製成的卵狀棺廓封住，運到埃及的太陽神殿去。其生命週期是500年。所謂浴火重生的描述其實是來自於後來希臘羅馬的一眾著述家，看來他們似乎是將浴火重生的場景，跟容易聯想到「墮天」的流星、慧星形象給重疊到了一起。

VS惡魔之戰

惡魔軍團 VS 蝗蟲大軍
亞巴頓
（P.42）

亞巴頓的最大武器便是他魔下的異種蝗蟲。據說這種蝗蟲的尾巴有毒，一旦被螫到必須忍受長達五個月的劇痛。不過菲尼克斯也有惡魔軍團的奧援，不至於在數量上面臨敵我懸殊的劣勢。誰能率先擊潰敵方指揮官，誰便能贏得這場戰鬥。

哥耶提雅
№.06

Vepar

威沛

繪者：桑代剛志

▶▶ 名字的意義・由來 ｜ 蛇？

▶▶ 出典 ｜
《哥耶提雅》、《地獄辭典》、《惡魔的偽王國》、《妖術的揭發》

▶▶ 流傳地區 ｜
歐洲

地位 ▶ 大公爵
軍團數 ▶ 29

▶▶ 能力 ｜
威沛能夠刮起暴風雨，還能創造出大批船隊的幻影，想必擁有相當高的魔力。又威沛若是人魚便能在海中迅速來去，機動力亦佳。

速度 8
力量 5
智力 6
防禦力 5
魔力 7
生命力 5

跟海洋諸水系頗有淵源的魔神

威沛是所羅門王72魔神當中的第42位，是支配29個軍團的大公爵。她能夠強化船隻武裝，為船隻探索水路（其徽章「纏繞船隻的大海蛇」堪為象徵）。她不但能憑空變出船隊（抑或其幻影），在召喚者的要求命令之下，她也能反過來呼喚暴風雨、使海象惡化。據說威沛還另外有個極恐怖的力量，便是使人體產生劇痛的傷口、長出蛆蟲，只消三天就會命喪黃泉。根據維耶爾《惡魔的偽王國》記載，威沛別名賽沛，除創造前述自然產生的致命傷口以外，她同樣也能將其完全治癒。威沛的容貌就是個「人魚的女性」，雖然並無文獻記載，但她似乎能以充滿致命吸引力的動作誘惑男性、使其溺斃，是個不容輕忽的魔神。

STRONG POINT
在海上最能發揮威力的異能

威沛操縱天候和創造幻影等異能，在大海戰場上收效尤甚。另外儘管不見得能夠對惡魔收效，不過讓傷口化膿同樣也是個相當強大的能力。

WEAK POINT
乾燥

威沛是人魚的惡魔，因此陽光和火焰等可能是弱點。倘若真是如此，那無論對手是誰，威沛都應該避免在陸地發生戰鬥。

COLUMN

為數稀少的女性水系魔神

《哥耶提雅》當中的水系魔神除威沛以外，就只有排名第30位的大海獸佛鈕司，以及排名第41位主司溺斃與翻覆的佛爾卡洛兩名而已。至於女性魔神，便是唯獨排名第56位的格莫瑞一名。不過《哥耶提雅》原文全部選用「他」來指稱威沛，如此則女性只不過是外表而已。或許我們應該這麼想，那就是惡魔或魔神本來就沒有性別之分。

VS 惡魔之戰

從內部發動攻擊便能得勝？
利維坦
(P.20)

利維坦無論體型、力量均超乎常規，老老實實的戰鬥則威沛必敗無疑。威沛可以利用船隊幻影轉移敵人注意力，趁隙鑽進利維坦體內並從內部發動攻擊，或許還有機會獲勝。關鍵就在於能否不被發覺，順利進入敵人體內。

哥耶提雅
No.07

Vine

拜恩

地位 ▶ 大王、伯爵
軍團數 ▶ 36

　　　　繪者：NAKAGAWA

▷▷ 名字的意義・由來｜葡萄（藤蔓）／破城槌

▷▷ 出典｜
《哥耶提雅》、《地獄辭典》、《惡魔的偽王國》、《妖術的揭發》

▷▷ 流傳地區｜
歐洲

▷▷ 能力｜
拜恩除了能夠找出隱藏的物事，還擁有創造和破壞的力量。根據這些能力的性質判斷，拜恩的魔力和智力應該高於尋常惡魔和魔神。

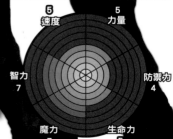

速度 5
力量 5
防禦力 4
生命力 5
魔力 7
智力 7

同時擁有大王和伯爵兩種身分的惡魔

拜恩是所羅門王72魔神當中的第45位，是統轄36個軍團的大王兼伯爵。對日本人來說，同時具備兩種位階身分或許難以想像，不過某國國王獲得其他國家爵位在西洋卻是相當稀鬆平常。總之拜恩是頭騎著黑馬的獅子，手上握著一隻蝮蛇。其職能執掌為發現隱藏的物事、發現女巫／巫師、探知過去～未來所有物事。另外他還能應召喚者之命建造高塔、破壞堅固石壁城牆、使水面揚波，甚至召喚暴風雨。拜恩此名直接用拉丁語發音便是「葡萄」又或者是葡萄樹、葡萄藤蔓之意，其間有何深意不得而知，不過羅馬時代的攻城兵器當中有種叫作「Vinea」的破城槌，這個名字相當適合這個看似攻城戰戰力極強的魔神。

STRONG POINT
創造與破壞之力

建造高塔和破壞城牆的能力在攻城戰中的效用極大。以騎兵裝束縮短距離然後放毒蛇嚙咬雖然亦是良策，但是與惡魔對陣時似乎不太容易施展。

WEAK POINT
單兵作戰如何周旋

拜恩唯有在攻城戰方能發揮其真正價值，如何才能在單兵作戰當中起到作用，乃是重中之重。至於找尋並發現物事的能力，在惡魔之戰當中似乎無法派上什麼用處。

COLUMN

所羅門72魔神的地位與序列

從前所羅門王召喚差遣的72尊魔神是魔界的精英。這72名魔王各有編號，各自領有國王、公爵、公子、侯爵、伯爵、總統、騎士等地位，麾下分別率有數十個不等的惡魔軍團。眾多文獻著作對72魔神的排名編號各不相同。至於地位則其實是各自召喚條件（例如回應召喚現身的時間帶等）的分類，跟實際的能力高低或上下關係其實並無直接相關。若某魔神擁有不只一個地位，代表他更容易應召喚現身。

VS 惡魔之戰

穩扎穩打則拜恩勝利可期
弗爾弗爾
(P.132)

敵手同樣是所羅門王72魔神之一。拜恩率有36軍團，弗爾弗爾則是26個軍團的司令官，拜恩這方數量佔優，可謂勝券在握。對敵之際，必須留意千萬不可受到弗爾弗爾漫天謊言迷惑。拜恩原本就擅於找出隱藏的真實真相；只要不輕敵大意，應該不會有跌破眼鏡的結果才是。

哥耶提雅
No.08

Gomory

格莫瑞

▶▶ 名字的意義・由來 │ 駱駝

▶▶ 出典
《哥耶提雅》、《地獄辭典》、《惡
魔的偽王國》、《妖術的揭發》、
《慕尼黑黑魔法手冊》

▶▶ 流傳地區
歐洲

| 地位 ▶ 公爵 |
| 軍團數 ▶ 26 |

▶▶ 能力
格莫瑞非但可以揭
示過去、現在、未
來之事，還能任意
操縱女性。唯有高
魔力和高智力，方
能使用這些能力。

速度 5
力量 4
防禦力 4
智力 6
魔力 7
生命力 5

142　　繪者：池田正輝

地獄為數稀少的女公爵

格莫瑞是所羅門王72魔神當中的第56位。格莫瑞是《惡魔的偽王國》的稱呼，《哥耶提雅》稱其為戈莫瑞（Gemory），兩者皆是由希伯來語的駱駝「גמל（gamal）」演變而來。格莫瑞率有26個軍團，是實力堅強的公爵。格莫瑞長得一副亮麗女性的模樣，持有一頂代表女公爵爵位的頭冠（某些文獻記載她並未將頭冠戴著而是「繫在腰間」，但應為誤記），其騎獸是隻體型龐大（應為雙峰）的駱駝。她能看見現在、過去與未來，能夠找出隱藏的寶物；只要召喚者有意願，她就會傳授前述諸多知識、告知寶物的下落。除此以外，格莫瑞可以控制操縱女性的情感（年齡不拘，但特別是未婚女性）、讓她們對特定男性產生好感，而且還能召集特別受男性喜好歡迎的女性。

STRONG POINT
預知未來

過去和現在自然不在話下，格莫瑞竟然還通曉未來的知識。若是能預知未來，便可以在包括戰鬥在內的各種場合下取得極大優勢。

WEAK POINT
不擅肉搏戰？

目前無法得知格莫瑞有何重大弱點，不過既然身為女性魔神，臂力持久力等體能素質或許劣於其他魔神，而且從能力看來，她也不像是擅長肉搏戰的角色。

COLUMN

惡魔、魔神的名稱並無一定

不只是格莫瑞，許多惡魔或魔神的名字經常會視地區、時代、資料文獻等而有所差異，譬如克羅利等黃金黎明的魔法師就將格莫瑞稱作格瑞莫利或葛莫瑞。這些名字唸起來發音相似還比較容易理解，更早的15世紀魔法書《慕尼黑黑魔法手冊》卻是將其稱作「蓋涅隆」（Gaeneron），統轄軍團加一，總共27個軍團。

VS 惡魔之戰

只須小心防備附身能力即可
阿斯摩丟斯
(P.24)

阿斯摩丟斯是七宗罪當中「色慾」的司掌惡魔，擁有附身能力，曾經附身於女性殺害前後數任丈夫。這附身能力固然棘手，不過格莫瑞擁有預視未來能力應該不會輕易上當才是。防備阿斯摩丟斯奇襲、迫其正面對決，握有惡魔軍團戰力的格莫瑞就應該能獲勝。

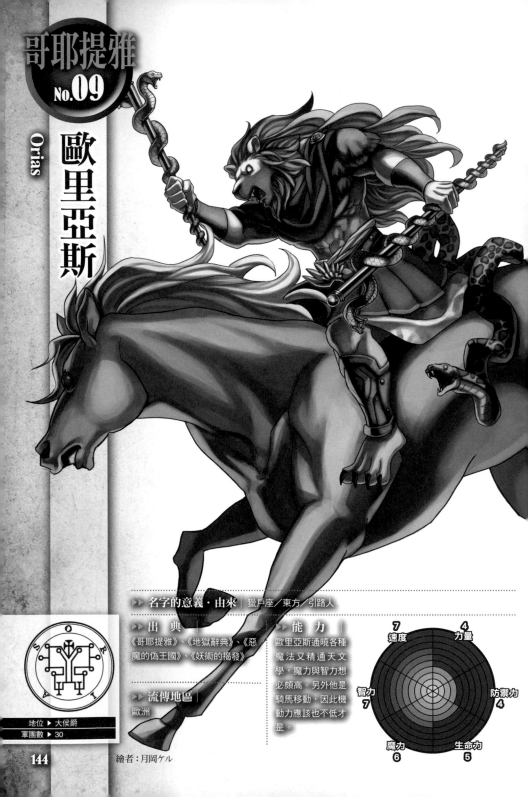

哥耶提雅
No.09

Orias

歐里亞斯

▷▷ 名字的意義・由來│獵戶座／東方／引路人

▷▷ 出 典│
《哥耶提雅》、《地獄辭典》、《惡魔的偽王國》、《妖術的揭發》

▷▷ 能 力│
歐里亞斯通曉各種魔法又精通天文學，魔力與智力想必頗高。另外他是騎馬移動，因此機動力應該也不低才是。

▷▷ 流傳地區│
歐洲

地位 ▶ 大侯爵
軍團數 ▶ 30

速度 7　力量 4
智力 7　防禦力 4
魔力 6　生命力 5

繪者：月岡ケル

在地獄裡鑽研天文學

歐里亞斯是所羅門王72魔神當中的第59位，是統轄30個軍團的大侯爵，外表是一頭長著蛇尾的獅子，不過另有說法指其尾巴不只一條，又或有說蛇尾其實是長在馬屁股上，甚至另有說法指歐里亞斯手拿兩條大蛇。受到召喚時，歐里亞斯將騎著馬匹現身前來。他擁有各種異能和權力，包括變身成人類模樣、使召喚者獲得爵位或高等祭司職位、使朋友和敵人對召喚者抱有好感等。從歐里亞斯的語源獵戶座（Orion）便不難想見，他也精通天文學和占星術。順帶一提，日後成為獵戶座的英雄俄里翁從前曾在愛琴海桑俄斯島殺死一頭獅子，許多繪畫都是描繪俄里翁握著獅子皮毛的模樣。另外，獵戶座的三顆星就落在他的腰帶位置，埃及人將這三顆星星視同於死亡與復活之神奧賽利斯。這些在占星術中是非常重要的星體。

STRONG POINT
地獄名駒

據說歐里亞斯的馬又高又壯，連魔神都能騎了，想必是體型巨大、腳力強健。這匹駿馬的高機動力將會是戰鬥中的一大利多。

WEAK POINT
並無戰鬥能力相關記述

從外觀來看，歐里亞斯應該可用蛇口或獅口噬咬敵人，然則並無任何文獻具體記載到他的戰鬥能力，故其戰鬥力仍是未知數。

COLUMN

魔神手中的蛇，其實本是手杖？

所羅門王72魔神當中有許多魔神手中都握著一條蛇。關於這點，一說這是拉丁語的「sceptrum＝軍團長的指揮杖」切換成英語「serpent＝蛇」的誤譯。不過話說回來，神話中亦不乏有兩條蛇螺旋狀圍繞並帶有羽翼的「caduceus＝傳令使之杖」，以及僅一條蛇纏繞的阿克勒庇俄斯[注59]之杖，難以一概而論。

VS 眾魔之戰

敵人占有制空權則勝算無多
馬可西亞斯
（P.134）

馬可西亞斯是頭長著鷲鷹羽翼的狼，機動力頗高；歐里亞斯騎著馬在地面移動的速度固然並不遜色，可是敵人可以飛那自己就只能乾瞪眼了，甚至馬可西亞斯還能從空中噴射火焰進行單方面的燒傷打擊。也不知道歐里亞斯能不能放蛇到空中與其抗衡？

哥耶提雅

No.10

Zagan

撒共

地位 ▶	大王、總裁
軍團數 ▶	33

▷▷ 名字的意義‧由來 | 不明

▷▷ 出 典

《哥耶提雅》、《地獄辭典》、《惡魔的偽王國》、《妖術的揭發》

▷▷ 流傳地區

歐洲

▷▷ 能 力

撒共能使用改變物質性質的高等法術，施法者必須理解物體的性質否則絕無法使用這種法術，因此撒共應該擁有相當高的魔力與智力才是。

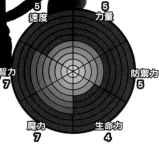

速度 5

力量 5

防禦力 5

智力 7

魔力 7

生命力 4

繪者：合間太郎

同時擁有大王和總裁兩種身分的魔神

撒共是所羅門王72魔神當中的第61位，是統轄33個軍團的大王、總裁。召喚時撒共會先以生有鷲鷹翅膀的公牛模樣現身，再過一會兒就會自動變身成人類的模樣。撒共有種可以改變物體性質的特殊能力，譬如把葡萄酒變成水、把血變成葡萄酒、把水變成葡萄酒，或者將各種金屬變成該種金屬構成的硬幣。更有甚者，他甚至可以變換人類的性質好比授予智慧、將愚者變成賢者等，並不僅限於物質的性質變化。《惡魔的偽王國》稱其叫作撒共姆（Zagam），至於前述變換物質性質、彷彿鍊金術般的能力，該書則說是變成「油」而非「葡萄酒」，還具體提到「反向亦可」。換句話說，將賢者變成愚人或許也是有可能的。

STRONG POINT
撒共流鍊金術

撒共擁有某種類似於鍊金術的能力，能變換水、葡萄酒等特定物質的性質。把敵方的水桶或水管變成油後然點火，便可發動奇襲。

WEAK POINT
無

撒共無論物質變化、控制心智、飛行能力、肉搏戰能力俱優，可以說是毫無死角和弱點。

COLUMN

獅身鳥首獸的翅膀這是？

描寫這名魔神的原文當中，有段寫到「擁有獅身鳥首獸[注60]的翅膀」，可是獅身鳥首獸是個上半身鷲鷹、下半身獅子的怪物，光看翅膀其實與鷲鷹無異，那麼這段描述就沒有意義了。原來，獅身鳥首獸（Griffin）的語源是拉丁語的「gryps/gryphi」，自古便是種鷲鷹形狀的怪物，直到後來英語寫作Griffin或Gryphon，語尾的on才造成了獅子（Lion）形象的誤解。

VS 惡魔之戰

能令敵人改過便是勝了
路西法
（P.16）

從前身為天使卻背叛神而墜入地獄的萬惡魁首路西法，正面交鋒則撒共必敗無疑，但如果撒共所謂改變他人性質的能力對路西法同樣有效的話，那撒共就有機會了。倘若將路西法變得慈悲有愛，那撒共便可不戰而勝，可實際究竟將如何發展？

哥耶提雅

No.11

安度西亞斯

Amdusias

▶▶ 名字的意義・由來 | 娛樂？

▶▶ 出典
《哥耶提雅》、《地獄辭典》、《惡魔的偽王國》、《妖術的揭發》

▶▶ 流傳地區
歐洲

| 地位 | ▶ 大公爵 |
| 軍團數 | ▶ 29 |

▶▶ 能力
安度西亞斯能夠演奏音樂、操縱樹木。魔力雖高，其餘能力值卻是平平。變成獨角獸以後，機動力將得到相當程度的提升。

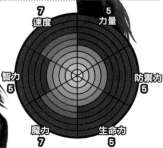

速度 7
力量 5
智力 5
防禦力 5
魔力 7
生命力 5

音樂與樹木的魔神

安度西亞斯是所羅門王72魔神當中的第67位，是率領29個軍團的大公爵。召喚時會以獨角獸模樣現身，召喚者一聲令下便能立刻變成人類模樣。此時將憑空傳來短號等各種音樂，直到變身完成音樂才會停止，活像是魔法少女的變身畫面。其徽章亦是由小鼓和短號組成。普朗西《地獄辭典》插繪當中，安度西亞斯乃作獨角獸頭顱的人類模樣，手腳帶有銳利長爪，周圍有許多號角圍繞。儘管給人的印象比較無厘頭，但其實安度西亞斯擁有優秀的魔寵可以贈予召喚者，還能按照召喚者的命令將樹木樹枝彎曲成各種形狀；這種能力非但能在叢林游擊戰當中起到極大作用，還能用來破壞木造建築物。

STRONG POINT
操縱樹木的力量

安度西亞斯任意將樹木折彎或傾倒，該能力可在森林中發揮出無比威力，相反地在草原等地形的戰鬥力極低。

WEAK POINT
不擅肉搏戰？

一旦進入短兵相接的距離，安度西亞斯就只剩下頭頂的獨角可以派上用場。獨角單次打擊的殺傷力固然大，可是被捉住以後恐怕就什麼都做不了了。

COLUMN

技巧超絕的音樂聲中有惡魔潛伏？

世界各地有許多音樂牽涉惡魔的傳說，諸如哈梅爾的《吹笛人》[注61]、莫札特創作的最後一齣歌劇《魔笛》、一旦開始演奏便停不下來的小提琴，甚至出賣靈魂給惡魔換得名曲而致早逝等。說不定這些傳說背後便藏著與安度西亞斯類似的惡魔在施展魔力，讓這些傳說中的人物獲得異能。

VS 惡魔之戰

誘敵進入森林地形佔得地利
亞巴頓
(P.42)

統領29個軍團的安度西亞斯對上了操縱異形蝗蟲的亞巴頓，可以想見雙方犬牙交錯的混戰場面。為將能力發揮到極限，安度西亞斯自然想將敵人帶進森林裡，究竟亞巴頓吃不吃這一套呢？

其他哥耶提雅惡魔

魔法書《哥耶提雅》總共記載到72個惡魔，除前述搭配插畫介紹的惡魔以外，其餘56名惡魔簡單羅列如下：
（左上角數字即是72魔神中的排位）

02 Agares
阿加雷斯
統率31個軍團的公爵。能引發地震，傳授各種語言。他騎著一頭鱷魚，帶著一隻蒼鷹停在他的手臂上。

03 Vassago
瓦沙克
統率26個軍團的大公。長相與阿加雷斯相同，性格善良。能告知過去和未來，能夠發現隱藏和失落的物事。

04 Samigina
薩密基那
統率30個軍團的侯爵。他會以小馬或驢子的模樣現身，能傳授各種基礎素養知識，講述獲罪而亡者死後有何遭遇。

06 Valefor
華利弗
統率10個軍團的公爵。平時模樣是隻不停低吼的驢頭獅，擅長偷盜也經常誘惑他人偷竊。

08 Barbatos
巴巴妥司
統率30個軍團的公爵。在四位高貴王者和眾隨從簇擁現身，能理解各種生物聲音，還能破解魔法師施加於寶物的魔法。

10 Buer
布耶爾
統率50個軍團的總裁。他會以人馬模樣現身，能傳授各種學問、哲學以及各種藥草有何效能，治療疾病。

11 Gusion
古辛
統率40個軍團的公爵。一副音樂家模樣，他能賜人名譽和尊嚴，使人結交友誼或者和解，對所有事情都有答案。

12 Sitri
西迪
統率60個軍團的大公。豹頭鷲翼。他能點燃男女心中的火焰，使其褪去衣衫。

13 Beleth
貝雷特
統率85個軍團的王。一面彈奏樂器，一面騎蒼白馬匹現身。他能成就所有的愛，男女不拘。

14 Leraie
勒萊耶
統率30個軍團的侯爵。綠衫獵人打扮，能引發爭論和戰爭、妨礙他人傷勢恢復。

15 Eligos
埃力格
統率60個軍團的公爵。以騎士模樣現身，知曉士兵的未來以及該當有何作為，還能使人獲得高位者關愛。

16 Zepar
桀派
統率26個軍團的侯爵。他身穿紅衣紅甲，能讓人隨意變身，能勾起男女間的情愫，還能使人不孕。

17 Botis
波提斯
統率60個軍團的總裁、伯爵。他會以蛇的模樣現身，傳授過去到未來的知識。在召喚者命令下變身成有角有牙的人類型態。

Bathin

巴欽

統率30個軍團的公爵。他會化作騎蒼白馬匹、有蛇尾的壯碩男子，能傳授藥草與寶石各自效能，能將人瞬間傳送到其他國家。

Saleos

塞列歐斯

統率30個軍團的公爵。會以騎乘鱷魚、戴著頭冠的士兵模樣現身，能使男女間萌生愛情。

Purson

普爾森

統率22個軍團的王。獅頭模樣，騎著一頭大熊。變化自在，能對所有事物侃侃而談，還能賜人優秀的魔寵。

Ipos

因波斯

統率36個軍團的伯爵、大公。獅頭鵝足。能講述各種物事，還能使人變得知性、充滿勇氣。

Aim

艾姆

統率26個軍團的公爵。他有蛇、男人、牛犢三個頭顱，會拿手中的火把放火，還能讓人開竅。

Naberius

納貝流士

統率19個軍團的侯爵。以黑鶴模樣現身，能教授各種自然科學和人文科學，助人恢復喪失的名譽。

Glasya Labolas

格剌希亞拉波斯

統率36個軍團的總裁。擁有獅身鳥首獸雙翼的犬隻模樣，能傳授人文科學的知識，還能使人隱形。

Bune

布涅

統率30個軍團的公爵。是隻長著狗頭、鷹首、人頭三顆頭顱的三頭龍，能賜人財富、智慧及辯才。

Ronove

羅諾威

統率19個軍團的侯爵。會以怪物模樣現身教授修辭學，能傳授語言、魔寵知識，使人獲得友友的好感。

Berith

比利士

統率26個軍團的公爵。是名頭戴金冠騎赤馬的士兵，能將金屬變成黃金，能使人獲得他人的信賴與名望。

Forneus

佛鈕司

統率29個軍團的侯爵。以海怪模樣現身，能傳授高等修辭學與語言學，能使人獲得崇高名聲、使人受到敵我雙方敬愛。

Foras

佛拉斯

統率29個軍團的總裁。會以幹練人類的模樣現身，傳授藥草和寶石各自有何效能，並教授理論學、倫理學。

Gaap

慨布

統率66個軍團的總裁、大公。能把人變得厚顏無恥、不學無術，還有瞬間移動的能力。

Stolas

斯托剌

統率26個軍團的大公。以大鴉模樣現身，然後變成人類模樣。除天文學外，還能藥草、寶石效能相關知識。

Halphas

哈法斯

統率26個軍團的伯爵。以鴿子的模樣現身，能夠建造高塔、街市建物並充實武庫，將士兵送往戰地前線。

Malphas

瑪法斯

統率40個軍團的總裁。以烏鴉模樣現身，能建造住家、高塔和城牆。能揭示敵人思考和過去知識，贈送優秀魔寵。

Raum
勞姆

統率30個軍團的伯爵。以烏鴉的模樣現身，能盜取國王的財寶，破壞城市和他人名聲，另一方面卻也能使人萌生情愫。

Focalor
佛爾卡洛

統率30個軍團的公爵。現身時是個長著鷲鷹翅膀的男人模樣，可應召喚者命令將軍艦推倒翻覆、將船員溺死。

Sabnoch
斯伯諾克

統率50個軍團的侯爵。是個全副武裝的獅頭士兵，能夠建造高塔和城堡、充實武器庫房，並使敵人負傷。

Shax
沙克斯

統率30個軍團的侯爵。以鴿子模樣現身，能奪走人類的視覺聽覺和理解力、盜取馬匹錢財，還能賜人以優秀的魔寵。

Bifrons
比夫龍

統率60個軍團的伯爵。以怪物的模樣現身，能授人以天文學、幾何學、寶石樹木等知識，並執行真正的降靈術。

Vual
化勒

統率37個軍團的公爵。以巨大的單峰駱駝模樣現身，能使人獲得女性傾心愛慕，還能使人與敵人萌生友情。

Haagenti
海艮地

統率33個軍團的總裁。以鷲翼牛角的模樣現身，能把金屬變成黃金、把水變成葡萄酒。

Crocell
克羅賽

統率48個軍團的公爵。能傳授幾何學與基礎素養，講述隱祕不宣的神祕知識，勘定浴場溫泉場所，憑空變出大水淘淘的聲音。

Furcas
弗爾卡斯

統率20個軍團的騎士。是個騎著蒼白馬匹、手提長槍的老人，胸中暗藏各種學問可以傾囊相授。

Balam
巴拉姆

統率40個軍團的王。他有公牛、公羊和人類三顆頭顱，會說出從過去到未來的真相，還能使人隱形。

Alloces
安洛先

統率36個軍團的公爵。有顆獅子頭和燃燒的雙眼，會以騎兵模樣現身，能賜人天文學、基礎素養等知識和魔寵。

Camio
卡繆爾

統率30個軍團的總裁。以鳥的模樣現身，通曉鳥獸和水流的聲音，能針對未來事物提供最佳的良策。

Murmur
姆爾姆爾

統率30個軍團的公爵、伯爵。是名騎著禿鷹的騎士，通曉並能傳授所有哲學，還能讓死者亡魂現身回答問題。

Orobas
歐若博司

統率20個軍團的大公。以馬匹的模樣現身，能夠講述關於神與世界創造的諸多真相，還能使人無懼於誘惑。

Ose
歐賽

統率30個軍團的總裁。以豹的模樣現身，能傳授七個科目的基礎素養、揭示神學的真相，還能使人變身。

Amy
亞米

統率36個軍團的總裁。他以火焰的模樣現身，精通天文學與基礎素養七科目，能授人魔寵並開示魔神財寶的下落。

60
Vapula
瓦布拉

統率36個軍團的公爵。鷲翼獅身，精通各種職能，還能使召喚者通曉哲學與各種科學。

62
Valac
瓦劣克

統率30個軍團的總裁。是個騎著雙頭龍的天使羽翼少年，能揭示財寶的下落和大蛇的所在之處。

63
Andras
安托士

統率30個軍團的侯爵。是個長著顆鷲鳥頭顱、騎著一匹狼的天使，四處散播不和的種子。

64
Haures
霍雷斯

統率36個軍團的公爵。以豹模樣現身，召喚者用魔法陣命令他講述創世、神學、墮天諸事，能用烈火將敵人燒成灰燼。

65
Andrealphus
安德雷斐斯

統率30個軍團的侯爵。會伴隨著隆隆轟響中以孔雀模樣現身，傳授高等幾何學，還能使人精通天文學、測量學。

66
Cimeies
錫蒙斯

統率30個軍團以及非洲眾魔神的侯爵。能教授文法、理論學、修辭學，還能發現財寶、尋回失物。

69
Decarabia
單卡拉比

統率30個軍團的侯爵。以五芒星形狀現身，能教人各種藥物與寶石有何功效，還能賜人禽鳥外形的魔寵。

70
Seere
系爾

統率26個軍團的大公。擁有瞬間移動能力，將任何物事瞬間搬到他處。能說出被盜財寶、神祕寶物在內的所有真相。

71
Dantalion
但他林

統率36個軍團並擁有許多臉孔的公爵。能將所有技與科學傳授給所有人，還能任意操控他人幻像、使人萌生情愫。

72
Andromalius
安杜馬利烏士

統率36個軍團的伯爵。是個手持大蛇的男子模樣，能取回被盜賊奪走的財物，懲罰惡人、發現財寶。

惡魔之戰

甫一涉足怪鳥安祖的地盤，瑪巴斯立刻便遭到強力襲擊。瑪巴斯卻也不甘於就此撤退，決定接下這個不知斤兩的挑戰。陸地之獅與天空之獅的雙雄對決，就此展開！

詳情見 P.128 ！

6
速度

6
力量

智力
7

防禦力
7

魔力
5

生命力
6

操縱病魔的地獄大總統

瑪巴斯

麾下率有 36 個軍團的高階惡魔，地獄的大總統。他不但能挖掘神祕知識與祕密，還能操縱病魔令敵人患病，反過來也能治癒疾病。瑪巴斯其實並不如外觀那般粗獷，實則充滿智慧且思慮深沉。

VS

詳情見 P.90 ！

9
速度

6
力量

智力
9

防禦力
7

魔力
8

生命力
5

呼風喚雨的獅頭怪鳥

安祖

獅頭鷲身的美索不達米亞怪鳥。只消奮力鼓動巨翼便能翱翔悠遊於天外，而召喚暴風雨、落雷也都是他的拿手絕招。

繪者：合間太郎

安祖召喚落雷劈向
冒失無禮的入侵者！

一發現地盤遭到侵入，安祖立刻飛身來到現場，而瑪巴斯的身影剛剛映入眼簾，不由分說便召喚閃電落雷直接擊落，想不到瑪巴斯竟然準確預測閃電的落點，躲過了所有攻擊。

DANGER!

閃電

安祖的特殊能力之一。不光是閃電，安祖還能任意操縱暴風豪雨等現象。

瑪巴斯準確預測雷電的落點，雷殛悉數劈空！

Marbas

Anzu

LIFE 60000/60000

LIFE 50000/50000

Round 2
安祖自高空俯衝而下
展開近身肉搏！

一發現落雷攻擊已遭敵人看穿，安祖立刻急速俯衝而下展開肉搏戰，挾著強風以高速撲向瑪巴斯。安祖銳利的鉤爪一閃，下一刻便感受到從瑪巴斯胸膛噴濺而出的鮮血，接著就是勝利的長嘯！這廂瑪巴斯卻不堪重傷，沒能忍住痛苦的悶哼。

安祖一擊正中要害！

DANGER!

鉤爪

安祖擁有猛禽的銳利鉤爪，一擊便能碎鐵斷鋼。

Marbas

Anzū

LIFE 32000／60000

LIFE 48000／50000

安祖落入瑪巴斯事先設下的陷阱，
消耗衰弱極巨！

安祖正欲拉開距離好給予瑪巴斯致命一擊，
卻突然發現身體漸漸不聽使喚。瑪巴斯四濺
的鮮血當中暗藏的病魔收效極速，已經侵蝕了
安祖的身體。終於安祖衰弱不支墜落地面，
此時他早已再無抵抗能力，只能任由瑪巴斯宰
割。

DANGER!

病魔

以病魔操縱敵人身體乃是瑪巴斯
的獨門絕技。為使病魔得以確實收
效，瑪巴斯在這場戰鬥中甚至故意
選擇以自身鮮血作為媒介。

瑪巴斯的削肉斷骨之策
正中下懷！

K.O.

Marbas

Anzū

LIFE 32000/60000

LIFE 0/50000

從前曾經差遣惡魔的所羅門王是個什麼樣的人物？

建立古代以色列王國
鼎盛治世的賢者

　　所謂所羅門王，即舊約聖經《列王記》所載古以色列王國（興盛於西元前11世紀～前8世紀）的國王。據同書記載，所羅門是古以色列王國第二代國王大衛之子，他打倒同樣有意即位為王的兄長等政敵、順利登基成為第三代國王，又迎娶埃及法老之女為妻聯姻。後來他在基遍城向神祈禱，又在夢中向神請求而得授「叡智」。所羅門王憑著這叡智讓以色列王國獲得了長足發展，跟鄰近諸國也維持良好外交關係，迎來王國的鼎盛時期。

　　所羅門王有許多故事彰顯其叡智的「智者」身分，其中一則是這樣的。有兩名妓女帶著一個孩子來找所羅門王，雙方都主張孩子是自己的，所羅門王便命人拿刀將孩子砍開分成兩半，此時一名妓女表示願意將孩子讓給對方，另一名則要把孩子分成兩份。所羅門王聽了雙方說辭，判斷不願傷害孩子性命的妓女才是孩子真正的母親。

以戒指收伏並差遣惡魔，
建造第一座耶路撒冷神殿

　　所羅門王不但是位名君，同時也是個曾經差遣眾多惡魔的傳奇魔法師。根據舊約聖經偽經之一《所羅門王的遺言》記載，從前建造耶路撒冷神殿的時候，木匠之子遭到一個叫作亞塞的惡魔附身，當時所羅門王為此向神祈禱，少頃大天使米迦勒便現身並賜予所羅門王一枚能夠降伏惡魔的戒指。於是所羅門王便憑著這枚戒指驅除了附身於木匠之子的惡魔，又降伏別西卜和阿斯摩代歐斯（阿斯摩丟斯）等眾多惡魔，運用這些惡魔來建造耶路撒冷的神殿。

　　另外還有好幾部文獻曾經記載所羅門王的魔法，其中最有名的當屬《雷蒙蓋頓》。這部魔法書又名《所羅門王的小鑰匙》，成書於西元17世紀的歐洲。此書分成五個部分，記載從前所羅門王麾下各有特色的72名惡魔哥耶提雅和其他精靈相關資訊，以及如何降伏差遣這些惡魔的方法等。

義大利畫家盧卡·焦爾達諾所繪《所羅門之夢》。祭祀當晚，所羅門王向現身夢中的神祈求判斷善惡的智慧，因而得授叡智。

聖經插畫當中，所羅門王正在擬定首座耶路撒冷神殿建設計畫。相傳所羅門王當時曾經差遣惡魔幫助建造神殿。

第六章

惡魔資料室

Fantasy Devil Encyclopedia

惡魔是如何誕生的？

非善非惡的精靈信仰

宗教之定義為何？學界眾學者對此並無統一說法。簡而言之，宗教可以說是一種承認神佛靈體等超自然存在的觀念。以古代原始宗教形態為例，古人便有以天空、星辰、大地、氣象現象、森林、動物等現象事物為信仰對象的自然崇拜，以及認為萬物有靈的泛靈論（精靈信仰）。自然和精靈本無人類設想中的善惡分別，它們能帶來作物豐收等恩惠，同樣也能招致大地震、颱風、火山爆發等自然災害負面影響。即使現代人也只能屈服於這些事象，遑論科學文明尚未發達的古代。於是乎，人類為避免觸怒自然諸靈而制定諸多禁忌，每當有好事發生時要表達感謝，壞事發生則要平息超自然存在的怒火，於是便有了形形色色的各種祭祀和儀式。

從「觸怒」這個說法便不難發現，諸多事象都被賦予了人格。古代人將身邊發生的好事、壞事都看成是自然或精靈的意志，而多神教便是經過進一步神格化而誕生的產物。希臘神話是許多人都相當熟悉的多神教，希臘眾神固然為人類帶來恩惠，有時卻又會因為一些雞毛蒜皮的事情讓人類遭殃。其實只要稍微想想，諸神那些充滿人性弱點而又極情緒化的性格，就是原本便無善惡區分的諸現象之擬人化，便可以釋懷了。

模擬帕祖祖頭像的護符

帕祖祖是將風神格化形成的惡靈。他既是招致疾病的可怕惡靈，卻又因為能驅逐其他惡靈而受人崇拜，跟精靈信仰頗有相通之處。

跟主神對立、帶有惡魔屬性的惡神

多神教的神話當中往往都有與主要諸神敵對的勢力存在，例如希臘神話的泰坦神族、印度的阿修羅族、美索不達米亞神話的蒂雅瑪特，以及塞爾特神話的巴勒^{（注62）}等。這些大多是戰敗的異民族信奉的神祇，或是香火已然斷絕的神祇，普遍視為惡神。印度的阿修羅和美索不達米亞的蒂雅瑪特等雖然也被視為惡魔，可是他們並非絕對的惡，這點跟一神教的惡魔「Devil」不同。

然則，希臘神話的堤豐^{（注63）}和埃及神話的阿佩普^{（注64）}卻又不同。日本並不將他們視為惡魔，而是視為怪物、

巨龍一類，而巨龍在基督教文化圈乃是惡魔的化身，所以他們後來也變成了Devil。話雖如此，這只不過是後世基督教的思維，當時的希臘人和埃及人並未將彼等視為絕對的惡；如前所述，多神教的眾神帶給人類的並不只有恩惠而已，因此也就沒有絕對的惡存在之必要性。多神教問世以後，人們仍然相信有惡的精靈和惡靈的存在；對人類來說，這些存在反而更接近於所謂的惡魔。

瑣羅亞斯德教
創造出絕對的「惡」

多神教固然有類似惡魔的存在，卻始終沒有絕對惡的惡魔出現。這個絕對惡的概念，乃是從前伊朗瑣羅亞斯德教的產物。這是瑣羅亞斯德蒙受神啟後創立的宗教，奉最高神阿胡拉·馬茲達為唯一真理，並以崇拜阿胡拉·馬茲達及其分神六大天使為信徒的義務。根據其創世神話記載，世界初始之時便有阿胡拉·馬茲達和安格拉·曼紐存在，選擇了善的阿胡拉·馬茲達創造善的物事，選擇了惡的安格拉·曼紐則創造出惡者；當時安格拉·曼紐創造出來要跟大天使抗衡的，便是絕對的惡，也就是最早的惡魔。瑣羅亞斯德教將現世定義為善惡的戰場，其終末論相信世界末日將有場最終決戰，而善方終將勝出。到那個時候，人類將會接受調查、分成善惡兩群，其中善者將會轉生去到至高神身邊重獲新生。也就是說，瑣羅亞斯德教的教義便是要崇拜最高神、戰勝惡魔誘惑並且正直的生活。利用這種善惡二分法的世界觀去勸說人們選擇有道德的生活方式，可謂是非常劃時代的做法，而瑣羅亞斯德教的唯一神、惡魔、終末論等要素，也紛紛受到猶太教和基督教、伊斯蘭教等宗教吸收採納。

貶為惡魔的異教諸神和
墜落天界的眾天使

即便瑣羅亞斯德教漸告衰退，惡魔仍得以在吸納了瑣羅亞斯德教概念的基督教當中維持相當的存在感。基督教是衍生自猶太教的宗教，它有別於以猶太人為唯一對象的猶太教，鼓勵教徒以耶穌的話語為根據展開積極的傳教。只不過，如何處理土著諸神就成了問題。多神教還能將這些神祇吸收成為從屬神，一神教基督教卻沒辦法這麼做，只能將彼等視為惡魔。可是基督教又說世間萬物都是全能的神所創造，按照這個邏輯則惡魔同樣也是神的造物，這才有了受上帝創造卻反身背叛、遭到放逐的墮天使。如此就算他們是惡魔，也不等於是上帝直接創造了惡魔，跟創世神話並無矛盾。於是乎，不僅僅是眾多的異教神祇，就連妖怪和妖精也都被打成了惡魔。

受到放逐宣告的路西法

基督教之所以將惡魔解釋為墮天使，目的便是要證明惡魔並非上帝所創，避免和創世神話產生矛盾。

一神教的惡魔觀

神和天使以外的所有超自然存在都是惡魔

以基督教為首的所有一神教相信唯一神乃是絕對，不承認有其他神祇或權威的存在。他們認為除了神和天使以外，所有的超自然存在全都是惡魔，不過各宗教對惡魔的看法卻有差異。以舊約聖經的撒旦為例，《約伯記》就說撒旦是遵循神的指示來對約伯加以試煉、考驗其信仰心，另外撒旦在《歷代志》裡則是擔任神派遣去見大衛的使者。舊約聖經是猶太教的聖經，這也就是說猶太教認為撒旦是神的道具。其後基督教誕生並且成為羅馬帝國的國教以後，這種思想才開始產生了變化；基督教逐漸將異教神祇跟撒旦連結在一起，而撒旦本身也開始從神的道具變成神的敵人。也正是直到這個時期，基督教才開始根據《以賽亞書》記載將路西法指為墮天使、與撒旦連結，再說到將《創世記》當中誘惑夏娃的蛇視同於撒旦，同樣也是基督教的解釋。之所以有如此變化，可能是因為隨著帝國領土的擴張、與異教諸神祇的接觸機會愈來愈多，因此有必要針對異教諸神和聖經進行整合。

惡魔的力量隨著時代愈發強大

儘管基督教如今已經滲透至歐洲各地，起初卻必須面對人種、各地原有文化風俗差異等各種問題。中世紀是基督教的過渡期，這段期間有許多重大事件發生，包括羅馬天主教會與東正教的分裂、迫害清潔派[注65]等異端教派、教會與世俗權力發生衝突、聖職者墮落等。出於危機感，天主教會展開了異端審問活動。另一方面在世俗社會的世界

中，14世紀中葉鼠疫大流行造成多達三成以上的人類死亡，加以連年飢荒使得人口銳減。先是社會結構產生極大變化，15世紀以後又出現鄂圖曼帝國等外在威脅，社會不安愈發劇烈。這個時候，教會只能以惡魔的力量愈發壯大來說明諸多問題，而人們又亟欲為這股不安的情緒找到排遣出口，遂有勾結惡魔的女巫此概念出現。

16世紀中葉固然有宗教改革運動、新教受到教會官方認可，可是從此時直到17世紀卻是獵巫運動的鼎盛時期。當時有許多教會相關從業者投身致力於惡魔學研究，與此同時更有形形色色的各種魔法書問世，可以說基督教文化圈的中世紀末期是惡魔最飛揚跋扈的時代。

與猶太教‧基督教略有不同的伊斯蘭教惡魔觀

阿拉伯世界自古便相信鎮尼[注2]的存在，而伊斯蘭教也並未否定鎮尼，說鎮尼乃是神用火創造出來的造物。鎮尼跟人類同樣也有穆斯林與非穆斯林之分，而非穆斯林鎮尼的統率者便是易卜劣廝；也就是說，伊斯蘭教認為惡魔是非穆斯林的鎮尼，而並不像基督教那般認為惡魔是神的敵人。

反抗神的易卜劣廝

古典伊斯蘭教的易卜劣廝相當於猶太教‧基督教的路西法、一般被定位為墮天使，不過現代伊斯蘭教卻比較偏向將其視為鎮尼。

多神教的惡魔觀

多神教的惡魔純粹是立場不同

多神教當然也有所謂的惡神存在，但大部分都是「與主神敵對」的相對性角色。印度神話的阿修羅便是最好的例子，他們身為惡魔基本上立場跟眾神對立，然則其中亦不乏修德有成終於皈依神明的阿修羅，並非絕對的惡。說到這些超自然存在對人類來說究竟是善還是惡，多神教就連主神都是中立的，一神教所謂唯一神和惡魔兩者的概念都涵蓋網羅於其中。其實善惡本來就是互為表裡的一體，多神教的世界既無絕對的善，同樣地也沒有絕對的惡。

除惡神惡靈以外，尚有邪惡的精靈妖怪等類似惡魔的概念

如前所述，人類自古便相信有邪惡的精靈與惡靈存在，而多神教信仰地區也有許多這種信仰流傳至今，例如美索不達米亞的帕祖祖，即便已經有其他惡神存在，帕祖祖仍然令人們恐懼不已。跟並非絕對惡的惡神相較之下，這些帶來疾病等直接危害人類的邪惡精靈、惡靈，反而更接近所謂的惡魔。同樣地，一神教信仰地區也有精靈、惡靈信仰流傳，以受東正教影響極深的俄羅斯為例，即便已經接受基督教式的惡魔概念，也仍然有許多妖怪故事流傳，譬如出沒在田裡的波露得妮查[注66]、棲身森林的白鬍仙[注67]、水邊妖怪否狄阿諾伊[注68]等類似惡魔的角色，他們並未與基督教的惡魔同化，保留了自己的名字。

日本有哪些類似惡魔的角色？

日本因有佛教傳入，所以惡魔此語首先可以直接用來指稱佛教的魔羅。另外，日本也會將自古流傳的眾多妖怪當中招災致禍的妖怪稱作惡魔，不過妖怪當中也有善良的妖怪，因此妖怪並不直接等於惡魔。「惡魔」此語在日本比較不常用來指稱特定存在，而是多作比喻使用。這本來就是個外來的用語，所以日本或許並沒有一個真正直接對應的概念。順帶一提，水木茂有部漫畫《惡魔君》，可以使用所羅門之袖操縱惡魔和妖怪。

棲息於森林或河邊的羅莎卡[注69]

主要與流水信仰有關，一種介於精靈與幽靈之間的概念。從前東正教對土著信仰抱持相當寬容的態度，使得許多超自然存在得以存活至今。

過路惡魔[注70]

一種附身於發呆忘神者、使人發瘋的妖怪。日本人有時亦將招致災禍的精靈妖怪之類，統稱為惡魔。

惡魔潛伏的世界

世界各地的神話傳說

世界各地代代傳承至今的諸多神話、傳說，這些故事隨著世界成形以及文明推移等進程而漸次壯大，其中自然有許多惡魔以及類似惡魔的怪物；而原生神話中本是神明，後來被其他宗教吸收並且惡魔化的惡魔其實也不在少數。本節筆者便要連同各地神話‧傳說的內容，就故事中登場的惡魔和惡魔化的眾神進行簡單的解說。

伊朗神話

伊朗與其周邊地區的神話，亦稱波斯神話。後來的瑣羅亞斯德教神話甚至伊朗的英雄譚故事，都涵括在此範疇內。伊朗神話除安格拉‧曼紐與麾下惡魔以外，還有現代人定位為巨龍的阿日‧達哈卡等惡魔。關於這些惡魔各自詳情，除瑣羅亞斯德教的聖經《阿維斯陀》^(注71)以外，相關文獻《丹伽爾特》^(注72)、《創世紀》^(注43)，以及伊朗最重要的敘事詩《列王紀》^(注45)等文獻都有記載。伊朗與印度的神魔關係恰恰相反，可謂饒富趣味。

《列王紀》

《列王紀》的插畫。提婆（惡魔‧惡神）正欲將伊朗神話的英雄洛斯達姆丟進海中的場面。

敘利亞地區神話

傳唱於地中海東岸周邊都市的神話。這神話有烏加里特^(注73)、腓尼基、迦南神話等好幾個名字，內容其實大同小異。敘利亞地區神話有阿斯塔特^(注25)、巴力、大袞等眾神，彼等被基督教吸收以後，現如今已經被人當作惡魔看待，其中巴力的名字甚至還成為許多惡魔名字的構成要素。腓尼基人統治的都市迦太基當時信奉的是位叫作摩洛的神，後來他也跟其他神祇同樣被打成了惡魔。

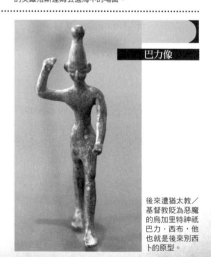

巴力像

後來遭猶太教／基督教貶為惡魔的烏加里特神祇巴力‧西布，他也就是後來別西卜的原型。

亞述・巴比倫神話

美索不達米亞文明除最古老的都市蘇美的神話以外，又陸續衍生出阿卡德、亞述、巴比倫和其他傳說。這些神話全都擁有相同的神話起源，有許多共通點。舉例來說，蘇美的主神依南娜[注26]就曾經以不同的名字出現在巴比倫，而迦南的阿斯塔特[注25]後來就成了希臘的阿芙柔黛蒂[注28]。至於跟此地淵源較深的惡魔，則有亞得米勒、尼斯洛和安祖。

與安祖作戰的尼魯塔

巴比倫與亞述的豐饒之神、戰爭之神尼魯塔打敗怪鳥安祖的場景。

印度神話

體現婆羅門教和印度教世界觀的印度神話。其內容因時代而異，主要可以分成三大類：吠陀神話、梵書奧義書神話、敘事詩神話。這些神話的核心，便是吠陀和梵書等數量龐大的宗教書籍，以及《摩訶婆羅多》、《羅摩衍那》等敘事詩，當中便記載到了魔羅、希羅尼耶格西布和羅波那等惡魔．魔神登場。後來的佛教便繼承了印度神話的世界觀。

毗濕奴和希羅尼耶格西布

阿修羅族的希羅尼耶格西布和弟弟希羅尼亞克夏（左）挑戰變身成山豬的印度教主神毗濕奴（右）反遭擊敗。

希臘神話

由古希臘許多故事構成的神話，大致可以分成天地創造故事、諸神故事與英雄故事三類。除堤豐[注63]、艾奇德娜[注74]等後世視為惡魔的各種怪物以外，還有對中世紀以後惡魔形象造成深遠影響的牧羊神潘。這位牧羊神的剪影看起來像人，頭頂卻長著山羊角，下半身也如同四足獸類。後世之所以認為惡魔有山羊角，便是因為當時相信潘是邪惡之神＝惡魔。

牧羊神潘

英國藝術家沃爾特・克蘭筆下的潘。潘也被視同於古希臘時代俄爾甫斯教[注75]創世神話當中描述的原初之神。

埃及神話

由古代埃及諸多都市神話集合形成的神話體系。埃及神話除了以蛇的模樣誕生的創造神亞圖姆[注76]以外，還有許多動物模樣的神，甚至是揉合動物與人類兩種形象的神，所以往往遭人視為惡魔。太陽神拉[注77]與阿蒙[注78]習合形成的新神祇阿蒙‧拉[注79]，據說便是《哥耶提雅》惡魔亞蒙的原型。此外，埃及還有阿佩普[注64]等怪物也經常被視為惡魔。

《胡內弗爾之書》[注80]

為古埃及書記官胡內弗爾製作的《死者之書》。正在審判死者的，便是奧賽利斯[注81]。

北歐神話

斯堪的那維亞半島諸國代代傳承的神話。主神奧丁[注82]擅使魔法，受基督教吸收以後變成了攝奪靈魂的惡魔首領，有人便將其視同於所羅門王72魔神當中的歐賽。而奧丁的表兄弟洛基[注83]喜歡惡作劇，又曾經殺害光明之神巴多而被視為惡神，現代也經常將其作惡魔看待。

抄本所繪奧丁形象

奧丁求知的貪念欲望極強，經常放出兩隻名叫胡金與穆寧的渡鴉在外蒐集各種情報。

聖書

從前定居於中美洲瓜地馬拉市西北方瓜地馬拉高原的基切族神話。內容包括馬雅創世神話、雙胞胎英雄烏納普與斯巴蘭克的活躍事跡，以及基切族年代記等等。該神話講述冥界的故事當中，便曾經提到諸多惡魔與惡神。至於雙胞胎英雄的傳說當中，亦有被視為惡魔的維科布‧卡庫伊科斯等巨人登場。

斯拉夫的傳說

在東歐與俄羅斯等斯拉夫文化圈，除卻與自然現象相關的超自然存在以外，還有秋爾特（чёрт）、加否（Дьявол）等惡魔。斯拉夫傳說乃採口耳相傳故而散佚許多，即便如此仍然有不少傳說得以流傳至今，其中許多超自然存在出人意料地與日本的妖怪頗有相通之處。

琪琪茉拉

琪琪茉拉鮮少現身，經常故意弄出聲響或挪動物體欲將人類趕出住家。跟日本所謂讓房屋嘎嘎作響的妖怪家鳴（家鳴り）頗為相似。

其他的神話與傳說

非洲、東南亞、大洋州等世界各地還有許多形形色色的神話與傳說。宗教亦然，另有本書幾乎未曾著墨的佛教、密教、耆那教和錫克教等。至於民間傳說，相同國家的不同部族各有不同傳說的情形也並不罕見。換句話說，世界仍有許多未知的惡魔潛伏尚未被發現。

舊約聖經、《阿維斯陀》等許多經典、敘事詩都曾經記載惡魔，現代的惡魔形象便是由這些文獻記載拼湊建構而來。尤其《哥耶提雅》等魔法書乃是記載魔法、天使與惡魔的專書，相關資訊質量更是特別豐富。此節介紹的經典和敘事詩當中部分已經有譯本，想對惡魔有更進一步瞭解的讀者可以一讀。

《舊約聖經》

舊約聖經是猶太教、基督教的聖經，記載了創世神話和以色列民族的歷史等內容。具體數量雖因教派而異，但舊約聖經基本上是由複數經典（約40～50冊）構成，內容可以分成法律、史書、詩歌、預言書各類。除《以賽亞書》的路西法和《列王記》的別西卜以外，利維坦等怪物也都有記載。

三大先知書之《以賽亞書》

舊約聖經的一書，乃先知以賽亞所著，內容記載到莉莉絲與亞述神祇尼斯洛。現在舊約聖經收錄的經典稱作「正典」，從前曾經收錄但今已排除的經典稱作「外典」，而打從一開始便並未收錄的則是稱作「偽經」，以為區別。

《新約聖經》

和舊約聖經同為基督教聖經的經典，猶太教並不承認新約是聖經。相傳是1～2世紀的基督教徒所著。新約聖經跟舊約聖經同樣，都是由複數的經典、書簡所構成。內容記載到世界終末以及拯救人類的計畫，末篇的《約翰啟示錄》則有記載到亞巴頓、啟示錄的龍與獸等惡魔。

《律法書》

即指舊約聖經當中的摩西五書（《創世記》、《出埃及記》、《利未記》、《民數記》、《申命記》），猶太教將這五部經典合稱為律法書。伊斯蘭教則將其稱作「討拉特」，是伊斯蘭教聖書之一。較少記載惡魔，勉強要説的話則《創世記》的蛇撒旦算是一個，其他就是《利未記》的阿撒瀉勒和摩洛等惡魔。

《可蘭經》

《可蘭經》是伊斯蘭教的聖經，是唯一絕對的神阿拉對伊斯蘭教創始者暨先知穆罕默德的啟示。亦作《古蘭經》。全書共分114章，記載到伊斯蘭教的惡魔之王易卜劣廝，以及經常被視同於惡魔的精靈鎮尼[注2]以及鎮尼當中的高級精靈伊弗利特[注84]。

波斯語版《太甫綏魯》 [注85]

對《可蘭經》的翻譯近乎直譯，譯文附有注釋，這種注釋便稱作太甫綏魯。照片中是18世紀注釋書的抄本。

《阿維斯陀》

伊朗瑣羅亞斯德教的聖經，總共分成五個部分：祭祀書耶斯那、小祭祀書維斯柏拉特、驅魔書維提吠達特、眾神讚歌耶斯特、簡易祈禱書庫爾達阿維斯陀。內中記載到安格拉‧曼紐以及其所創造的賈西、得魯吉等麾下眾惡魔。

《阿維斯陀》

《阿維斯陀》成書於西元3世紀前後，以阿維斯陀文寫成。因為受到其他宗教迫害而致文獻散佚，殘本所剩無幾。

《女神頌》

所謂往世書，便是匯整記錄印度教神話傳說與諸多事件的文獻，而《女神頌》便是其中一部。此書共有13章，大致可以分成三段故事，記載了印度教主神突迦與摩醯濕的戰鬥等故事。羅乞多毗闍等惡魔在後半段的故事中亦有登場。

突迦和摩醯濕

與阿修羅的族長摩醯濕（右）戰鬥中的女神突迦（左）。阿修羅本是神族，後來才轉而被視為魔族。

《薄伽梵往世書》

印度教聖經往世書文獻的其中一部。其最大特徵便是只要順著故事脈絡閱讀下去，自然而然就能夠理解印度教的教義。本書中段自從毗濕奴神的化身黑天開始大展身手以後，便提到了希羅尼耶格西布、阿迦修羅以及巴拿蘇爾等惡魔。

希羅尼耶格西布之死

被毗濕奴的化身那羅希摩（半人半獅）殺死的希羅尼耶格西布。除先前介紹的以外，該往世書還記載到其他許多阿修羅。

《羅摩衍那》

與《摩訶婆羅多》合稱為印度兩大敘事詩的印度教聖典。描述毗濕奴化身的羅摩王子從誕生、成長、迎娶遮那竭國王之女悉多為妻，直到對抗羅剎之王羅波那之戰。這場戰鬥當中，羅波那之子因陀羅耆特、胞弟鳩姆婆迦哩納均有登場。

羅剎族之王羅波那

與眾神敵對的羅波那。毗濕奴在眾神的求助之下轉生化作羅摩、挑戰羅波那並成功獲勝。

《教皇洪諾留之書》

相傳由某個名叫「底比斯的洪諾留」的神祕人物於13世紀創作的魔法書。本書序文寫到曾經有811名魔法師召開會議，委託洪諾留將眾人的知識匯整成冊。眾家魔法師為避免此書內容洩漏，還曾設下「持有者終生不可跟女性結婚」等規矩，而這也是為何此書又被稱作《誓約之書》。

教皇洪諾留的魔導書

傳為教皇洪諾留三世所著魔法書，不過亦有說法認為這是魔法師為了報復教皇迫害魔法，故意指為教皇所著。

《哥耶提雅》

《雷蒙蓋頓》收錄與天使、惡魔、魔法相關的各種知識，此書共有五冊，其中一冊便是《哥耶提雅》。書中記載到從前所羅門王魔下的72魔神，如何召喚差遣魔神，甚至召喚魔神時必須做何準備等。

魔法圓與三角形

《哥耶提雅》除魔神的名字、地位、能力、召喚方法以外，還記載了具體的召喚程序、召喚用魔法圓的圖形等內容。

《所羅門之鑰》

假托所羅門王之名的魔法書。有拉丁語、義大利語等眾多版本。作者不詳，原典應是15世紀成書的希臘語版。書中記載有降靈術所需魔法圓、魔法道具的製作方法等內容。麥達格‧瑪瑟斯的《所羅門的大鑰匙》便是根據此書的抄本重新構築而成。

《冰島魔法書》

流傳於冰島地區的魔法書，書名為「咒歌之書」之意。作者不詳，應是16～17世紀間由複數人編纂而成。內容包括宰殺動物、引誘女性、使用魯納文字[注86]各式各樣的咒文，以及咒術道具的使用方法等。

《亞伯拉梅林之書》

14～15世紀的德國魔法師亞伯拉罕所著魔法書。亞伯拉罕遊歷世界各地從事修行，途經埃及時遭遇到一名叫作亞伯拉梅林的賢者，習得各種祕術。後來亞伯拉罕將諸多知識匯整成此書，書中記載有如何召喚路西法、彼列等天使惡魔實現願望的方法。

其他書籍

拉丁語版《惡魔的偽王國》（起初本是約翰‧維耶爾《論惡魔之眩惑》的附錄）也是本重要的魔法書。雷金納德‧斯科特的《妖術的揭發》書中則亦收錄有英語譯文。另外阿古利巴的《細說神祕哲學》也很重要。柯林‧德‧普朗西的《地獄辭典》則是以西洋惡魔為主的便覽手冊。

文學作品與作品中的惡魔

基督教文學作品之影響及歷史背景

對世俗惡魔形象造成莫大影響的文學作品

　　文學有個名為「基督教文學」的文類，包括聖經故事在內，以天堂地獄、天使惡魔等基督教世界觀為題材的作品群均屬此類，其中但丁《神曲》、約翰‧密爾頓《失樂園》和約翰‧班揚的《天路歷程》等作更是世界聞名，頗為人知。這些作品有助於人們構築聖經世界、解釋教義甚至實踐信仰，其中描寫的眾多惡魔更是對人們心目中的惡魔形象造成極大影響。

　　只不過這些極具代表意義的作品都要等到17世紀以後才會問世，即便是其中的先驅《神曲》也是1300年代的作品。當然了，這並不代表此前沒有此類作品。聖奧古斯丁[注87]為確立正統信仰而於4世紀末發表《懺悔錄》（Confessions），然後又在5世紀初寫下極受基督教世界重視的《上帝之城》（De Civitate Dei）。然則其讀者僅限於教會相關人士，並非以普通民眾為對象的作品。當時書籍仍是昂貴的奢侈品，除聖職者與部分統治階級以外，本來就鮮少有人能夠閱讀書。庶民根本連聖經都沒有，所以才要上教會去聽講教義；教會之所以設置描述聖人聖經故事的彩繪玻璃，便也是要透過視覺將聖經的內容傳播給不識字的民眾。當時關於聖經世界的情報來源非常有限，因此在各種文學作品尚未問世以前，各地民眾想像中的惡魔形象肯定有相當大的出入。

17世紀以後基督教文學作品蓬勃發展之背景

　　羅馬教宗的權力於11～13世紀間達到鼎盛，其後卻因為世俗化墮落的教宗出現、教會權力與世俗權力發生衝突等因素而使其權威產生鬆動，而有15世紀初的宗教改革。當時已有部分國家從事造紙業，至15世紀中期，活版印刷術也已經開始實際應用。另一方面，新教徒翻譯的德語版、英語版聖經愈發普及，也對天主教會造成了打擊。從前羅馬帝國鼎盛時期廣泛使用的拉丁語，此時已經在各地發生變質，而天主教會的官方用語、官方聖經仍是拉丁語，除聖職者和部分貴族以外沒人讀得懂。這種獨占聖經詮釋權的狀態本是教會權威的一大支柱，此時卻因聖經譯本的出現而致崩壞。如此一來，原先只能聽從相信教會的個人，從此便可以憑著自己的思考判斷來咀嚼聖經的內容。從此衍生出天主教會與新教的諸多衝突，進而有後續的三十年戰爭爆發。也許我們無法一口咬定如此擺脫舊有精神框架是件好事，可是個人思想變得相對自由，卻成就了孕育出17世紀以後基督教文學作品的土壤。

《神曲》

作者：但丁・阿利格耶里
發表：1307～1321 年

譽為世界頂尖
文學作品的名著

《神曲》是義大利詩人但丁・阿利格耶里創作的長篇敘事詩。分成「地獄篇」、「煉獄篇」、「天堂篇」三個部分，著作於但丁晚年的 1307 年至 1321 年間。故事主角是作者但丁自己，描述他從西元 1300 年復活節起，陸續前往地獄、煉獄、天堂直到自己見到上帝的旅程。本作在西歐文學世界裡是古典中的古典，素有「以基督教世界觀對全宇宙加以細膩的刻劃」之評價，是基督教文學的最高傑作。

至於但丁其人，乃是義大利中部的都市國家佛羅倫斯共和國的人物。他 27 歲時便已經是頗富名聲的詩人，後以政治家身分展開活動，並於 1300 年當選就任行政官。然則，當時佛羅倫斯國內分裂成以工匠農民為主的白派和以都市貴族大商人為主的黑派、爭鬥不休，迫使但丁在 1301 年的政變後展開亡命生涯。《神曲》是但丁晚年所作，而但丁亦將自己的生涯經歷反映至作品中的諸多人物身上。

喬凡尼・第・保祿插畫中的馬納勃郎西。其插畫甚至畫到可怕的惡魔用屁股吹喇叭的有趣畫面。

身浸在冰窟裡、體型巨大的三頭路西法，左右兩邊的頭顱分別啃食的是背叛凱撒的布魯圖斯和卡西烏斯，正面頭顱嘴巴裡嚼的則是背叛耶穌的猶大。其模樣極富衝擊性，受到後世許多畫家引為作品題材。

另外，罪人當中還包括有但丁的政敵，書中對這些人嚴詞批評，這固然可以看作是但丁藉此一抒胸中鬱憤，可是但丁想要表現的是「在神所創造並且守護的這個世界裡，為何無罪者、正直者要受苦」這個問題，然後透過自身投影的主角旅程提出回答，因此這種安排也是有不得已的部分。

折磨罪人的馬納勃郎西、
生吞大罪人的路西法

「地獄篇」所述地獄是路西法墜落之地，其形如缽，共分九層。第一層裡是基督教尚未誕生前的死者，從第二層往下則依序是犯下邪淫、貪饕、貪禁揮霍、異端、暴虐、偽善十罪、背叛等罪的罪人，愈往底層罪就愈重。除了罪人以外，這地獄裡還有些奇怪的生物，第八層的 12 名惡魔馬納勃郎西（其名意為「惡之爪牙」）便很有名。馬納勃郎西會拿長叉把載浮載沉的罪人戳進沸騰的瀝青裡，角色和佛教的地獄之鬼頗有相通之處。地獄的最底層則是下半

路西法的插畫。之所以將背叛視為最重的罪，或許是因為聖經曾經說到，主最忌諱的七件事便包括有「虛偽」、「引發兄弟相爭」。

以作者體驗為泉源的
基督教文學傑作

　　英國詩人約翰‧密爾頓以舊約聖經《創世記》為題材所著長篇敘事詩《失樂園》被譽為英國文學史上最偉大的作品之一，作者密爾頓也因此獲得僅次於劇作家威廉‧莎士比亞的崇高地位。

　　密爾頓1608年生於倫敦，很早便立定職志要成為詩人，自從21歲發表《基督誕生的早晨》以來，便精力充沛地持續創作並發表作品。密爾頓又在旅途中結識提倡地動說的伽利略，此事對《失樂園》的宇宙觀有極大影響。後來清教徒革命、共和制成立，密爾頓被任命為新政府的外語秘書官；即便政務操勞過甚而致失明，密爾頓仍然不改為新英國鞠躬盡瘁之本願，可惜後來英國國內再度傾向王政復古，使革命以事實上的失敗告終。此事過後，密爾頓立刻以口述筆記展開了《失樂園》的創作。雖然因為革命受挫感到失意，他仍不曾捨棄對祖國將來抱持的希望，而這也成為了將作品推上傑作巔峰的助力。

如人類般苦惱卻仍
執意反抗上帝的撒旦

　　《失樂園》描述背叛上帝的撒旦和墮天使遭逐出天界，直到亞當夏娃受撒旦誆騙離開樂園為止的故事。撒旦的背叛，關鍵在於上帝命令所有天使服從上帝意志的實行者聖子基督耶穌，撒旦為此感到自尊受損、憤而決意掀起反旗。他半哄半騙率領投靠自己的天使對抗神的軍隊，即便已經被打入地獄，仍然在想方設法要讓亞當墮落。撒旦對上帝的敬愛並無消退，只是自傲以及面對同伴的立場並不容許他就此撒手。苦惱不已卻執意反叛的這個撒旦形象可謂是充滿人性，打動不少讀者產生感同身受。書中說到撒旦在天界的領地位於北方，這設定應是受《以賽亞書》14章影響所致。換句話說，這也就代表撒旦就是路西法。作品還有記載到部分墮天使的來歷，可供一窺當時惡魔觀之樣貌。

地獄寶座上發表演說的撒旦。留在上帝身邊的天使通常沒什麼情感表現，撒旦卻會在不同場合表達各種情感，這便是為何他能夠吸引讀者。

偷嚐禁果的亞當和夏娃。對密爾頓來說，革命的受挫就等於是「新英國」這個新天地的喪失、樂園的喪失，這段經驗也生出了《失樂園》。

《天路歷程》

作者：約翰‧班揚
發表：1678 年

新教徒之間極著名的宗教故事

英國教職者約翰‧班揚所著寓言故事，在新教世界是堪稱「除聖經以外讀者最多」的著名作品。作品採取班揚講述夢中所見光景的形式，描寫信主後自稱基督徒的主角離開從前居住的破滅街市，前往去到天之都（天國）其間的旅程。基督徒的旅途便是人生的象徵，而班揚便是透過描寫基督徒穿越各種險阻持續前進來彰顯貫徹信仰是何等困難，並提出自己心目中理想的信徒形象。

班揚纖細而敏感，他自幼便深感宗教的恐怖，直到歷經數次生死危機以後信仰心才變得愈發壯大。儘管出身貧窮又缺乏教育，班揚加入浸禮會並且開始講道，而且用他的宗教體驗緊緊捉住了聽眾的心。後來英國王政復古運動只承認英國國教會牧師而禁止他人講道，班揚從此便重複著講道、逮捕、釋放、再講道、再逮捕的生活。班揚在獄中擔任囚犯的牧師，同時也開始執筆從事著作，而他根據當時所得所想寫成的作品，便是這部《天路歷程》。

妨礙主角旅程的惡魔與墮落的人們

基督徒的道路上有著各種阻礙，時則也有惡魔出現。基督徒的第一個目的地是個小小的城門，可是那附近有座別西卜的城堡，其惡魔黨徒時時用弓箭對著過路的信徒。後來在屈辱之谷，又有遍體長滿鱗片、龍翼熊足獅子嘴還能口吐火焰的阿波魯昂（亞巴頓）現身；他搬弄唇舌要慫恿基督徒折返破滅之都（基督徒的故鄉），可是基督徒並不予理會，大戰半天才好不容易將其擊退。惡魔固然危險，可是人類卻令人更加棘手。他們先是憑著「自以為是的善意」勸說放棄旅程，或以錯誤的忠告讓人走錯道路，甚至還有人捉住基督徒將其監禁。

與阿波魯昂戰鬥的基督徒。儘管已經在途經的據點做好武裝，基督徒畢竟只是一介普通市民。鼓起全部勇氣作戰，才勉強擊退了阿波魯昂。

搭弓拉箭的別西卜及其部下。獲得城門處好心人的提醒之前，基督徒根本沒有發現別西卜的存在。這應是象徵著惡魔會從料想不到之處發動伏擊。

《浮士德》

作者：約翰・沃夫岡・馮・歌德
發表：1808 年～ 1833 年

大文豪歌德
所著長篇戲劇

《浮士德》是德國文豪約翰・沃夫岡・馮・歌德所著長篇劇作、共分兩部。第一部發表於1808年，第二部則是1833年發表。本作是改編自後述的「浮士德傳說」，主角浮士德欲窮究學問、眼看就要迷失生存的意義時，他召喚出了惡魔梅菲斯特，又和惡魔打賭、訂下契約。歷經諸多事件與體驗、壽命將盡時，浮士德輸了打賭，靈魂卻得到上帝拯救。故事整體內容與傳說類似，不同處在於《浮士德》作中梅菲斯特跟上帝打賭「要將浮士德拉到自己身邊」，多了浮士德和少女瑪格麗特的悲戀情節，以及浮士德的靈魂最終得到拯救等處，這幾點與「浮士德傳說」差異較大。

《浮士德》之原型「浮士德傳說」是個什麼樣的傳說？

「浮士德博士傳說」乃流傳於16世紀後半的德國。浮士德的求知欲望非常強烈，即便本已是位成功的學者仍要繼續追求知識，以至於與惡魔締結契約。儘管他在接下來的24年間獲得了所有知識和快樂，死後靈魂卻要在地獄裡受到永恆的罰刑。據說這位博士的原型是16世紀初的鍊金術師約翰・喬治・浮士德，關於其人僅有段「曾經因為涉及惡魔而遭馬丁路德批判」的描述，其餘經歷均已不得而知，而浮士德傳說應是將此人結合其他魔法師傳說而來。1587年法蘭克福有部出處已不可考、題名為《約翰・浮士德博士的故事》的民眾讀物刊行，浮士德傳說便是因此得以傳播至德國各地。除了歌德的《浮士德》以外，英國劇作家馬婁的《浮士德博士》也很著名，該作是根據民眾讀本所著，故事是以浮士德博士靈魂落入地獄告終。

因本作而聲名大噪的
誘惑惡魔梅菲斯特

梅菲斯特擁有變身能力，曾經在作品中變身成狗、學生和貴公子。他的真面目只說是「恐怖得令人無法直視」，也曾以類似牧羊神潘的模樣現身。他隨身帶著兩隻烏鴉魔寵，又不時會參加魔宴，所以認識很多女巫。梅菲斯特也通曉強力幻術，然最強大的武器始終是他那條三寸不爛之舌，即便對方心存警戒也會在不知不覺間被他牽著鼻子走。他跟浮士德之間存有契約而他也頗忠於對方，卻也經常諷刺挖苦、滿腹牢騷。從這裡便不難發現，梅菲斯特一方面固然具備了從來惡魔的特徵，卻也頗有貼近民眾、令人感到親切的一面，可以說是為人們提供了一個全新的惡魔形象。

法國畫家筆下的浮士德與梅菲斯特。至於契約的內容，便是當浮士德得到自己會希望時間停止的幸福時，就要將靈魂交給對方。

《聖安東尼的誘惑》

作者：居斯塔夫‧福樓拜
發表：1874 年

耗費作者30年時間
方才完成的幻想故事

法國小説家居斯塔夫‧福樓拜的作品。故事以古埃及的西拜德（注88）為舞台，描述聖安東尼在某個山頂的修道庵裡，一整夜忍受著幻覺中惡魔的誘惑，直到最後日出方才在朝陽中看見基督臉龐的體驗。

福樓拜24歲時曾經造訪義大利的熱那亞，他在巴畢家的宮殿中看到老彼得‧布勒哲爾的畫作《聖安東尼的誘惑》而獲得創作的靈感。幾經意見徵詢，友人對初稿以及接下來的二稿評價都很差，可是福樓拜並沒有放棄，仍然在創作其他作品的同時持續制作，終於在起心動念約莫30年後完成了這部作品。

老彼得‧布勒哲爾所繪《聖安東尼的誘惑》。聖安東尼抵抗惡魔誘惑是個相當著名的繪畫題材，許多畫家都有留下作品。

企圖以各種幻覺
誘人墮落的惡魔

聖安東尼投身極為嚴峻的苦修，使他漸漸喪失了對上帝的敬畏，以及慈悲充盈己身的感覺。正當他因為過度斷食而體力衰竭、經濟狀況亦陷入窘境之際，惡魔現身來到他的面前。我們無法確知惡魔是何長相模樣，若原原本本按照作品記載，則起初最少有四個惡魔出現。惡魔並未對聖安東尼造成任何物理傷害，反而創造出堆積如山的食物、從水壺中不斷湧出的財寶等他內心深處最渴望的幻覺，引誘聖安東尼墮落。發現這些幻覺沒有奏效，惡魔又透過哲學家與異教祭司的對話企圖動搖聖安東尼的信仰。想要奪取人類的靈魂，惡魔必須讓人拋棄信仰、主動交出靈魂。正如同作品中聖安東尼所説，「強者從精神下手，弱者從肉體進攻」。

故事的主角
聖安東尼是誰？

安東尼的法語讀作「安東 Antoine」，拉丁語讀法作「安東尼烏斯」。聖安東尼是3～4世紀中葉的人物，傳說他在雙親死後將財產分給窮人，自己則跑到沙漠裡苦修。天主教會、東正教和新教的路德教會均將其尊為聖人，埃及至今仍有一座傳為聖安東尼開設的修道院存在。

西班牙畫家法蘭西斯科‧德‧祖巴蘭筆下的聖安東尼。據説聖安東尼活到105歲高壽，然此說法真偽難辨。

蒐羅各地傳說編纂
集成的故事集

亦以英語版題名《天方夜譚》聞名於世的故事集。波斯國王山魯亞爾因為遭到妻子背叛，從此便再也不相信女性，他跟每個新娘共度一夜以後就會把新娘殺死。有個大臣的女兒名叫雪赫拉莎德，她為阻止此事而嫁給國王，然後每天晚上說故事給國王聽、讓國王改變心意。作品便是以上述設定為框架蒐羅諸多故事，內容並不僅止於波斯，就連印度和埃及等地民間傳說亦有收錄。據說9世紀前後阿拔斯王朝時代便已經有阿拉伯語版的《一千零一夜》原型誕生，18世紀初期翻譯成英語傳遍全球，日本也在19世紀後半始有翻譯。

以國王和雪赫拉莎德為主題的19世紀繪畫。《一千零一夜》原本收錄大約300個故事，可是人們認為作品應該像題名那般有一千個故事，後來才陸續追加變成了今天的模樣。

《一千零一夜》是揭示鎮尼
形象的重要情報來源

《一千零一夜》當中的許多故事，都有擁有不可思議魔力的鎮尼登場。所謂鎮尼是種半實體超自然存在的統稱，經常譯作「精靈」，而《可蘭經》譯本則是將鎮尼翻譯寫作「幽精」或「妖靈」。如同前章162頁所述，阿拉伯人自古便相信世間有鎮尼的存在，甚至有民間傳說說鎮尼會「附身詩人詠唱詩歌」。從易卜劣廝以下，包括伊弗利

〈漁夫與魔神〉的伊弗利特。漁夫要求魔神證明自己原本果真藏在壺中，驅魔神鑽進壺裡趁機封住壺口，才逃得了性命。

特[注84]、巨魔邁力得（Marid）、食屍鬼（Ghul）等均屬鎮尼。歷史文獻這些精靈幾乎從無任何記載，《一千零一夜》便成了我們探究彼等形象、性質時，極為稀少珍貴的情報來源。

伊弗利特大多是會殺人的
恐怖精靈

著名的〈阿拉丁神燈〉故事裡有神燈精靈與戒指精靈，二者均是法力強大的鎮尼亦即伊弗利特，受魔法所縛聽命於召喚者阿拉丁；想必是伊弗利特與當初製作神燈戒指的魔法師之間的契約使然，又或者是因為魔法的力量，使他們必須服從召喚者的命令。

許多伊弗利特其實非常危險，〈商人與魔神〉說商人丟石頭意外砸死了魔神之子，就被憤怒的魔神殺死了。

〈漁夫與魔神〉則說漁夫撈到一口壺，他揭開壺栓，竟然有個被所羅門王封印在壺裡的伊弗利特、也就是惡魔從中現身，表明「我發過誓要殺死第一個打開這壺的人」，也要殺人。雖說商人和漁夫最後都憑著機智保住了性命，但一般來說伊弗利特其實並非人類可以抵抗，非常恐怖。

童話作品當中的惡魔

《格林童話》

作者：	雅各・格林 & 威廉・格林
發表：	1812 年～

德國格林兄弟編纂的故事集。題名雖曰「童話」，其實書中收錄的故事並非創作童話，而是蒐集從前流傳下來的故事與傳說，添筆改寫成適合兒童閱讀的內容。當中許多都是以前德國流傳下來的故事，少數題材則是來自於國外。其中亦不乏故事有惡魔登場，〈沒有手的姑娘〉便是其一。

從前有個磨坊的主人出門撿柴時遇到一名老人，老人對他說「把你磨坊後面的東西給我，我就贈你大批財寶」。磨坊主人以為老人指的是磨坊後面的一株蘋果樹，於是便答應了對方，豈知這時他的女兒正在後面打掃磨坊。不久惡魔以真面目前來迎接姑娘，卻因為篤信上帝的姑娘用水淨身而無法靠近，於是惡魔命令磨坊主人「不准讓她用水」便離去了。不久後惡魔再次來帶人，這次姑娘的清淚潸潸濡濕雙手、仍舊無法靠近，惡魔便命令磨坊主人「砍掉她的雙手」又走了。磨坊主人畏於惡魔而依言將女兒雙手砍下，可是姑娘的淚水洗淨了傷口，惡魔只能放棄離去。沒有手的姑娘離家出走以後，遇見國王對她一見鍾情，嫁作王后生了孩子。國王的母親寫信給在外地打仗的國王通知王后產子此事，可是惡魔又出來把信件調包，要藉此殺死王后。其他故事裡的惡魔通常都是設下陷阱等人類自己往陷阱裡跳，唯獨〈沒有手的姑娘〉的惡魔能如此稀鬆平常地提出極殘酷的要求，而且執念極深。好在王后有上帝守護，雙手也重新長出完好如初、獲得幸福的生活，只是惡魔的契約始終沒有得到解決，故事後續如何實在令人掛心。

《安徒生童話》

作者：	漢斯・克里斯汀・安徒生
發表：	1844 年

以〈美人魚〉等故事著名的童話集，其中〈冰雪女王〉便曾有惡魔出場。從前惡魔創造了一面鏡子，這面鏡子能扭曲美麗的事物，卻能把醜陋照得非常漂亮。這惡魔原來是惡魔學校的教師，他的學生們發現這面鏡子以後想要去給上帝和天使惡作劇，便捉起鏡子往天界飛去，誰知道途中鏡子不慎掉落、摔了個粉碎，無數碎片四處飛散刺進人們的眼睛與心臟，使得人們產生異常。少年凱也是其中一人，而他也因此遭冰雪女王擄走。

《傻子伊凡》

作者：	列夫・尼古拉耶維奇・托爾斯泰
發表：	1886 年

俄羅斯小說家列夫・托爾斯泰的小說。故事裡有個大惡魔和三個小惡魔，三個小惡魔分別以長男戰士西謬（Simeon）、次男商人塔拉斯（Tarras）和主角伊凡（Ivan）為目標。小惡魔成功地破壞了西謬的戰事，還讓塔拉斯變得貪心而致破產，唯獨就是拿傻得正直又無欲無求的伊凡沒有辦法，只能悻悻然收手離去。伊凡成為國王以後，大惡魔又挑起鄰國發動戰爭、壟斷商品破壞經濟，誰知道伊凡的國民也都跟他一樣的傻，諸多手段根本沒起到任何效果，惡魔落敗從城塔翻身跌落、最終消失在地底。

惡魔的召喚方法和驅使方法

《大奧義書》記載的路西弗葛・洛弗卡雷召喚法

　　雖說從13世紀便始有記載召喚魔法術式的魔法書問世，但大部分仍以17世紀以後成書的作品居多，而《大奧義書》（Le Grand Grimoire）便是其中之一。此書作者安東尼歐・梵提亞那據說是個義大利人，自稱是猶太教的聖職者拉比^(注89)。書中對所謂的黑魔法以及惡魔階級等內容也都有介紹；「支配者三精靈」即皇帝路西法、公子別西卜、大公亞斯她錄，其麾下眾惡魔如下表所

示。《大奧義書》其實就是部用來召喚並差遣這些惡魔，藉以達成某種目的的魔法書。與《哥耶提雅》等其他魔法書不同，《大奧義書》記載的方法必須與惡魔訂定契約，可是這並不代表靈魂會被惡魔奪走。書中便有具體記載召喚路西弗葛・洛弗卡雷的方法，其具體步驟如下。

●其他惡魔

・撒塔納奇亞	能使所有女性臣服
・涅比羅斯	能使人染指惡事，並能賜人博學知識
・阿迦里亞瑞普特	通曉國政機關之機密
・弗勒雷提	能助人從事夜間作業，能夠降下冰雹
・薩爾迦塔納斯	能使人透明化、瞬間移動、解鎖、透視

1　一週前沐浴潔淨並準備好必須用品

　　召喚惡魔的必備條件便是堅忍不拔的精神力量。要使惡魔聽命服從於自己可沒那麼簡單，畏首畏尾的容易出錯反而危險。每個惡魔都各有擅長，所以要視目的選擇召喚對象。決定召喚對象以後，接著就要決定舉行儀式的日期。以路西弗葛為例，召喚時必須屠宰山羊羔獻祭，日期則固定是每月三日，因此必須在舉行儀式的前一個月便開始行動。儀式前的八天內必須每日沐浴禁慾，每天飯食也要從三餐減成兩餐。這段期間內，還要先找好執行儀式的靜僻場所，找好製作魔法杖需用的榛樹。召喚可以獨自進行，也可以聘請兩名助手共三人

舉行，有必要的話就要先找好願意幫忙的人選。以上處理完畢以後，就可以開始準備以下表列的道具。山羊羔的皮要在屠宰時先剝好備用。魔法杖則必須選在舉行儀式的前一天傍晚，準備全新不曾使用過的小刀，在太陽接觸地平線的那個瞬間砍下榛樹的樹枝。

●必須事先準備的道具清單

魔法杖／火盆／煤炭／樟腦／白蘭地／山羊羔的皮／血石髓／處女製作的蠟燭／夭折嬰兒棺材的棺材釘／紙包金幣或銀幣

2 準備魔法圓、進行儀式召喚惡魔

　　儀式當天，帶著準備好的東西來到儀式舉行場所。首先拿山羊羔的皮圍成魔法圓的外圈，四個角落用釘子固定住。接著在圓的裡面，拿血石髓畫一個以東為頂點的三角形，在圓的外側分別寫下一個大大的A、小小的E、小小的a、小小的J，在西側寫下耶穌的名字，兩側各畫一個十字架。這時必須注意，魔法圓外側的四個字母，筆跡必須與書寫耶穌聖名的字跡相同。這是用來防止召喚出來的惡魔攻擊自己，須得特別小心留意。蠟燭擺好以後，取煤炭、樟腦和白蘭地放進火盆點火。召喚者拿著魔法杖站到定位，就可以開始唱誦咒文召喚路西弗。

　　葛・洛弗卡雷。這個時候無論發生何事，助手都不可以作聲。還有，惡魔並不一定會馬上出現，所以千萬不可以離開魔法圓。

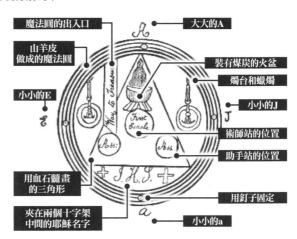

- 魔法圓的出入口
- 大大的A
- 山羊皮做成的魔法圓
- 裝有煤炭的火盆
- 燭台和蠟燭
- 小小的E
- 小小的J
- 術師站的位置
- 助手站的位置
- 用血石髓畫的三角形
- 用釘子固定
- 夾在兩個十字架中間的耶穌名字
- 小小的a

3 差遣惡魔達成目的，然後放惡魔回去

　　如果路西弗葛恰如預期般出現，接著就要提出條件、告知己方的要求。以《大奧義書》當中的例子來說，召喚者要求惡魔在每週幾個固定的晚上跟自己抑或是自己委以魔法書的委託者通信，並且帶領召喚者去尋找目前最接近的藏寶處，而作為交換條件，召喚者提出將自己每個月第一天摸到的金銀交給惡魔。倘若路西弗葛拒絕，就拿魔法杖威脅要消滅對方，然後重複唱誦所羅門王的大咒。路西弗葛妥協以後就會帶領召喚者去找財寶，這時候就要從特定位置踏出圓陣。如果路西弗葛作勢要靠近，只要把用紙包著的金幣丟出去路西弗葛就會去撿，並不會有危險。找到財寶以後，將寫著契約的羊皮紙留在原地，然後倒退走回圓陣當中。當然，返程也必須從固定的位置踏進魔法圓。順利回到魔法圓以後，接著就要跟路西弗葛告別。此時獲得的財寶便已經屬於召喚者，只不過這個時候千萬不可以得意忘形，今後還是要好好履行雙方訂下的契約。

●召喚・驅使惡魔之要點整理

決定儀式日期開始禁慾
▼
仔細準備必須物品
▼
舉行儀式召喚惡魔／咒縛
▼

運用惡魔的力量達成目的！

不要鬆懈，把惡魔請回去
▼
如果雙方締有契約別忘記履約

＊本編輯部對實行此儀式造成的結果概不負責，請自行判斷。

惡魔與女巫

惡名昭彰的獵巫跟惡魔之間的關聯

自古便有懂得使用魔法的人類存在

精靈信仰在古代遍布世界各地，薩滿[注90]之流的咒術師並不罕見。根據現代的調查，彼等使用的藥草已經證實為確有藥效，並不盡然純粹是哄騙手法。彼等藉由占卜替人進行諮商、仲裁紛爭等亦有助於人心安定，至於自古以來遍見於全球的乞雨儀式和豐收祭，更可以說是借重超自然力量獲取利益的魔法概念之起源。中世紀的女巫也是這種概念的延伸，其中白魔法師實質上便相當於今日的藥劑師，更是備受敬重。話雖如此，魔法卻也並非從未造成或者被當作問題，甚至西元前便已有因為魔法遭到處罰的案例。這種狀況會隨著疫情流行等社會動蕩因素而加劇，通常都是以使用魔法之目的和結果「是否加害危及他人」來判斷，始終是以個人善惡為判斷根據。魔法基本上對共同體來說確實有用，長期以來也一直受到活用。

教會原本並不甚在意女巫

基督教不承認神和天使以外的權威，當然不可能承認行使魔法的女巫。事實上，素有教父美譽的4世紀的聖奧古斯丁[注87]便曾否定道「所有魔法都是在和惡靈打交道」。當時已有摩尼教[注91]等異教信仰和阿里烏派[注92]等異端問題，自從基督教亞大納西派[注93]成為羅馬帝國國教以後，其他宗教便受到嚴格禁止，不過大部分都是處以罰款、鞭刑、流放處分等刑罰，還不至於「異端即刻處死」的地步。

羅馬教會的權威，於其後13世紀時達至鼎盛。其間，天主教會與東正教因為對聖像見解的歧異產生衝突，終致分裂；12世紀又有韋爾多派[注94]和清潔派[注65]出現，教會開始將這些教派斥為異端鎮壓迫害。異端審問自始伊始，不過當時魔法仍在教會的管轄之外。當時教會便有部《主教教規》當中寫到「女巫只存在於夢境或想像中，相信女巫魔法的存在及有效性本身便是異教信仰，便是異端」，這便是當時教會的官方態度。

●教會對女巫的看法

· 唯有神才能使創造物發生變化，魔法只不過是惡魔創造出來的幻覺和妄想。相信魔法便是信仰不堅，應該講道說教將其人引導回到正確的信仰。

· 假如說女巫的魔法是真的話，那麼女巫便能破壞世界，這代表助其為虐的惡魔比神更加強大。神絕不可能允許這種事情發生。

· 無罪者和新生兒成為魔法的犧牲品，違反了只憑自身的罪接受懲罰的原則。

· 神不允許惡的發生，因此女巫不可能以魔法為惡。

· 如果女巫真的會魔法的話，那審判官理應會犧牲才是。

認定女巫與惡魔簽訂契約，從此打開獵巫的道路

自從天主教會開始迫害清潔派和韋爾多派以後，西歐異端審問便愈發盛行，但如前所述，13世紀當時女巫和魔法仍在教會的管轄之外，異端審判官唯有在涉案人確屬異端的時候才會處理。然則14世紀鼠疫流行，歐洲首先因此喪失了超過三成人口，加以小型冰河期造成農作歉收與隨後而來的飢荒，甚至東羅馬帝國亦遭不斷擴張的鄂圖曼帝國吞併，社會不安與日俱增。

民眾當然也知道，神有時候會給人類帶來試煉。可是這麼多重大事件接踵而來，人們很自然地就會開始思考「莫非是有什麼理由」。一旦陷入這種理由不明的狀態，人們就會想辦法去找原因，而此時被擺上檯面的恰恰正是女巫。人們認為是女巫降下冰雹打壞農作物，其魔力則是來自於惡魔的契約。1484年更有羅馬教宗英諾森8世發表教宗詔書《最高的希望》。這份彈劾女巫的書信因為印刷技術的實用化而快速傳播，海利奇‧克拉馬惡名昭彰的《女巫之鎚》序文便也有刊載這篇文章。而獵巫推進派的著作也被翻譯成各國語言大量出版，煽動讀者從事獵巫運動。

弗朗切斯科‧馬利亞‧瓜佐《惡行要論》的插畫。當時相信女巫會取孩童的脂肪製作軟膏，塗抹在身上藉此前往參加魔宴。

●獵巫推進派的主張

· 聖經和羅馬法都有提及，因此女巫和魔法確實存在。

· 女巫的魔法以及助其為虐的惡魔都是在神的允許之下而為之，因此並不代表惡魔比神更加強大。

· 神並不僅僅以各自的罪懲罰人類。無罪者和新生兒之所以會犧牲，那是因為惡魔想要得到善良的人。

· 神允許世間有惡的發生，女巫的魔法便是神懲罰人類的其中一個方法。

· 審判官因為受到神的祝福，所以不會被魔法加害。

獵巫其實是以民眾為主體進行

獵巫從15世紀以後愈見發達，16～17世紀進入了歐洲的黑暗時代。後來獵巫風潮甚至波及美國，許多無辜者遭到不實舉報為女巫，慘遭各種拷問而失去了性命。

不過近年卻有個說法認為，獵巫其實並非由教會主導進行，而負責審判的也多是世俗權力而並非異端審判所。女巫舉報大多都是民眾密告，例如家境富裕者、社會地位較高者、容貌美麗者，便經常因為他人嫉妒而遭到狙擊；即便教會相關人士想要阻止這種事情，同樣也要冒著遭人討伐攻滅的風險。一般來說社會風氣相對穩定的地區狀況就沒那麼嚴重，因此我們可以說，獵巫慘禍其實是人們心中揣著不安無從排遣，卻去向外尋求不安原因的一種結果。

惡魔附身與驅魔術

延續直到現代的附身現象與驅魔術

超自然存在附身於人體是世界各地共通的主題

自古以來便有相信人類會遭到不明存在附身的想法，遍見於世界各地的薩滿[注90]的恍惚狀態便是其中一種。其中又有靈魂脱離身體去跟神靈接觸的靈魂出竅「ecstasy」，以及反過來由神靈降臨附身的神靈附身「possession」。進入恍惚狀態者會全身激烈痙攣，激烈程度跟只是不停地伸懶腰可是天差地別。

日本同樣自古也有狐靈附身的現象，其他還有狸貓、狗、蛇等動物附身的現象。一般來説，遭到附身往往會被視為某種類似精神病症的狀態，可是另一方面日本人素來相信狐狸和稻荷信仰、巫女神諭等有著密切的關係，因此狐狸附身未必是件壞事。西洋世界雖有狗附身卻沒有狐狸附身，反倒是另有狼附身的現象。

基督教的惡魔附身

基督教的惡魔附身也有兩種。第一種就是惡魔入侵身體，也就是前述的佔有性附身「possession」，是種相對單純的附身狀態，受附身者會不受自主地暴動掙扎或是採取異常的行動。另一種就是惡魔在周圍遊蕩、不停騷擾的騷擾性著魔「obsession」。聖人身體不受惡魔入侵，因此惡魔試圖要附身聖人時往往會變成這種狀態。雖無身體遭到挾持之憂，卻也有幻覺等惱人的狀況。175頁所介紹的聖安東尼便也曾經為此所苦，而許多以「聖安東尼的誘惑」為題的書籍與繪畫，也都描寫到他周圍有許多異形惡魔環繞、日夜不停騷擾。

德國畫家尤里烏斯‧施諾爾‧馮‧卡洛斯菲爾特的作品。耶穌正在治療遭惡魔附身的盲眼無言男子。

●遭附身者的主要症狀

- 無論有無自覺已遭惡魔附身，當事人都無法遵守社會規範。
- 偶爾會呈昏睡狀態，精氣神衰退。
- 從嘴裡吐出小石子、釘子、短針等異物。
- 猥褻、褻瀆的話語脫口而出。
- 飽受惡靈騷擾苦惱。
- 不時會露出恐怖的表情。
- 做出野獸的動作、發出野獸的低吼聲。
- 力量奇大而且暴力。
- 畏懼祈禱禱辭、聖遺物和聖禮等。
- 發作期間將失去記憶。

基督教的驅魔術

驅魔就是指將依附於人身、物品或場所的惡魔惡靈驅除趕走,行使驅魔者便是所謂的驅魔師。耶穌正是驅魔師的典型例子,《馬太福音》多次記載到耶穌替人驅除惡靈,《路加福音》則寫到耶穌將驅魔之力分給眾弟子,而弟子也同樣曾經為人們驅除惡靈。及至基督教誕生,甫成立之初便已經在行使驅魔了。

最早期的驅魔形式僅有連禱、驅魔祈禱、對遭附身者施以覆手(將手按在額頭施以聖別(註95))三種,內容相當簡單。17世紀初教宗保祿五世下令編纂整理《羅馬典禮儀式書》,裡面便記載了驅魔的具體程序。右表是簡略化的流程,很明顯地跟初期相較之下已經增加了許多步驟。從開頭的連禱直到最後的祈禱是一整個流程,可以視必要重複進行。

現代仍有人從事驅魔儀式,唯其必須是天主教的主教正式任命者方能執行。同時出於過去的經驗,接受驅魔者必須事先接受徹底的醫學、精神醫學和心理學檢查,避免與肉體疾病或精神疾病混淆,然後再判斷該人是否遭到惡魔附身。

正在執行驅魔的祭司和從受害者身體逃竄的惡魔。當時相信惡魔會從人類的嘴巴往外逃跑。

●驅魔程序之概要

以聖帶(註96)固定住接受驅魔者的頭手頸脖以防掙扎。對聚集觀禮的眾人揮灑聖水,展開儀式。

▼

連禱

▼

朗誦《詩篇》等經文

▼

懇求神的恩寵,勸附身的惡魔速速離去。逼惡魔說出名字與離去的時間。

▼

朗誦《福音書》部分經文

▼

第一次驅魔。完成後祈禱驅魔成功,在接受驅魔者的上方劃十字印。

▼

第二次驅魔(與第一次相同)

▼

第三次驅魔(與第一次相同)

▼

最後的祈禱。朗誦《使徒信經》、《詩篇》等經文。

持續增加的驅魔委託案

近年在義大利,驅魔委託案件不斷增加。一天可能有多達數十人前來委託進行驅魔,不過根據老經驗驅魔師的說法,這些人當中真正需要驅魔的其實只有百分之幾而已。反過來說,只有百分之幾的極少數人真的遭到惡魔附身。如此狀況突顯了一個問題,那就是驅魔師人力的不足,而梵蒂崗已經在考慮要開設培訓課程來培養新人材。此外,驅魔委託案的急遽增加似乎跟恐怖電影帶來的影響也脫不了干係。東方國家就有扶乩、碟仙之類的遊戲,像這種抱持好玩心態召喚惡魔的事,還是別碰為妙。

瓦博伊斯女巫審判事件

1593年 英國
劍橋郡 亨廷頓郡 瓦博伊斯

將無罪的老婆婆
一家人逼上絕路的少女

　　瓦博伊斯位於英國東部劍橋郡的亨廷頓郡地區。1593年，這個村子發生了一樁引起喧然大波的女巫審判事件。

　　當地的鄉紳羅伯特・瑟洛摩頓有五個女兒。1589年11月許，將滿10歲的珍（Jane）突然有離奇的症狀發作：她不停地打了大約30分鐘的噴嚏然後昏厥過去，腹部腫脹隆起、偶有嘔吐現象。除此之外，她的手腳四肢和頭部也時不時會顫抖不止，從此這些症狀便屢屢發作。

　　某一天病症發作的時候，住在附近的78歲老婆婆愛麗絲・山繆前來探望，珍極失禮地不斷重複說愛麗絲「好像女巫」，當時瑟洛摩頓夫婦並沒有放在心上，只是帶珍去給醫生診察。

　　誰知道接下來的兩個月內，其他幾個姐妹竟然也開始同樣的發作。當時替姐妹們診療看病的菲利普・巴羅博士診斷為「咒術與巫術所致」。想起女兒只要看見愛麗絲就會突然暴走並痛苦不已，使得原本便心存懷疑的瑟洛摩頓夫婦也開始認同博士的見解。愛麗絲當然否認了，可是女孩們仍然指責不斷，於是瑟洛摩頓夫婦便決定強制愛麗絲住進自家大宅，以便就近觀察。

　　1590年當地第一望族克倫威爾夫人來訪，一看到愛麗絲便破口大罵「妳是

女巫」。她硬是讓愛麗絲脫帽剪下一撮頭髮，要人拿頭髮去燒，這是因為當時人們相信女巫只要剪下頭髮就會引起暴風雨。克倫威爾夫人回去以後惡夢不斷，15個月後就死了。

　　1592年的聖誕節。在愛麗絲的耐心勸說之下，姐妹們停止了發作。誰知道瑟洛摩頓夫婦見到女兒如此戲劇性的變化，反而因此確信愛麗絲是女巫。就連愛麗絲本人也訝異自己的勸說竟有如此效果，開始懷疑自己搞不好真的是女巫，然後又在當地人士多靈頓博士的鼓吹催促之下告白曰「姐妹是我害的」。

　　愛麗絲被警察引渡給林肯的主教，並在威脅之下被迫說出更多詳細的供詞，包括家裡的雞其實就是魔寵。

　　其間瑟洛摩頓家的姐妹又舉報愛麗絲的丈夫約翰，愛麗絲被帶回亨廷頓以後，就跟約翰和女兒艾葛妮絲一同被投入獄中。瑟洛摩頓姐妹又指控「愛麗絲咒殺了克倫威爾夫人」，使得愛麗絲、約翰和艾葛妮絲三人因為捏造出來的不實證據被判有罪，處以絞首極刑。

奧芬堡女巫審判事件

1601年 德國
巴登—符騰堡州 奧芬堡

為排除政敵而
利用女巫審判的事件

奧芬堡位於德國西南方，從前曾經是個帝國自由城市。所謂帝國自由城市就是指直接聽命於神聖羅馬皇帝的直轄都市，擁有一定的自治權，不受主教統轄管制。話雖如此，奧芬堡實質上依然是由耶穌會透過大學發揮影響力主導政事，是個非常嚴格的天主教都市。奧芬堡市設有22名評議會委員，從中選出一名市長和四名行政官，由審判官負責審判女巫。

1601年，評議會委員魯普雷希特·西爾伯拉德已經鎖定目標要打倒敵對的評議會委員格奧爾格·勞巴赫。魯普雷希特屬於熱衷獵巫的一黨，而格奧爾格的妻子已經在四年前被指為女巫處以火刑了。9月7日，魯普雷希特舉報格奧爾格的女兒阿德爾海德和海倫娜「用魔法殺死了我的兒子」。10月30日，麵包師父馬丁·格溫納的妻子艾爾絲亦以同罪遭人告發。

魯普雷希特為告發三人事先準備了證人，證人是因為偷葡萄而遭逮捕的兩名流浪者，照理說這兩人本應當以盜竊犯受審判制裁，豈料卻有人舉報此二人是女巫，而這兩人又在嚴刑拷打之後供出了許多女性的名字，其中赫然就有阿德爾海德和海倫娜的名字，她們被指為艾爾絲從事巫術（Maleficia）的共犯。

艾爾絲被逮捕後遭到拷問，卻是什麼也沒說。在主教的主張之下，評議會下令關押艾爾絲尚且年幼的女兒阿加特，試圖從阿加特口中得到足以證明艾

爾絲有罪的證詞，可是受到阿加特拒絕，於是10月11日艾爾絲遭到了更加嚴厲的酷刑拷打。艾爾絲仍不屈服，一週後審判官再審阿加特，以鞭刑逼供取得了證詞。

11月22日，法庭根據阿加特證詞將兩名流浪者處死，艾爾絲因此得知女兒已經招供。即使如此艾爾絲仍然拒絕招供，即便在粉碎雙手姆指的拶指酷刑之下，她也只供稱自己曾經與惡魔性交，然後就被投入獄中。12月11日第四次拷問，艾爾絲雖供述自己曾飛行前往參加魔宴、又供出兩名共犯的名字，卻在兩天後撤回證詞。從此以後，艾爾絲便再也不曾屈服於這種「嚴刑拷打直到取得供詞」的做法，並堅持先前的密告乃是錯誤，終於不願再提任何名字，於12月20日遭處火刑。

另一方面阿加特仍在獄中，為取得艾爾絲罪狀而受到拷問。其父馬丁與其他親戚雖曾一度畏懼她密告生母而與之斷絕親戚關係，可是在艾爾絲遭處火刑的三週後，馬丁還是原諒了女兒，並以女兒年紀太小為由向評議會遞交請願書請求釋放；評議會受理了馬丁的請願書，並以將阿加特放逐到另一個天主教城市為條件將其開釋。

至於阿德爾海德和海倫娜在這段期間有何遭遇卻是不得而知，只不過魯普雷希特在隔年二月遭到反對派評議會委員逮捕，想必此二人當時便也被釋放了。魯普雷希特在教會的包庇下只受到居家反省的處分，後來也順利復職。

烏爾修拉修道院的惡魔附身事件

1611年 法國
隆河河口省 普羅旺斯地區艾克斯

● 新亞奎丹大區
● 奧弗涅─隆─阿爾卑斯大區
● 普羅旺斯地區艾克斯
● 奧克西塔尼大區
大西洋
西班牙
地中海

感情糾葛發展
釀成女巫審判

　　1605年，12歲的虔誠少女瑪德萊娜·德曼多瓦加入了普羅旺斯地區艾克斯的烏爾蘇拉修道會。這是個新成立的修道會，轄下所屬修女僅六名。領導並創設此修道院的尚·巴普蒂斯特·羅米隆神父，同時兼任馬賽女子修道院的監督者。

　　兩年後，瑪德萊娜陷入抑鬱狀態回到馬賽，在馬賽認識了父母的友人路易·戈弗里迪司祭，精神狀態愈見恢復。瑪德萊娜和戈弗里迪發展成戀情，兩人之事亦成街巷的話題。此事固然尚未演變成醜聞，不過畢竟已經加入女子修道院的瑪德萊娜向院長說明自己與戈弗里迪的關係以後，就被轉調去了艾克斯的修道院。

　　後來瑪德萊娜從16～17歲起開始有嚴重發作症狀出現，還開始看見惡魔的幻象。羅米隆施以驅魔亦不見效果，症狀甚至還傳染到另外三名修女身上。1610年，羅米隆主動連絡戈弗里迪，質問他與瑪德萊娜的關係。戈弗里迪雖然否認兩人有肉體關係，可是瑪德萊娜卻在驅魔儀式中告發說戈弗里迪否定上帝，還給自己一個綠色的惡魔作為魔寵，自己從13歲起便與他有性交行為。瑪德萊娜還說對方曾經用某種特殊的粉末製成飲料逼自己飲下，好讓人搞不清楚自己生下的是誰的孩子。

　　這股歇斯底里也在修女之間傳染開來，另一名修女路易斯·卡佩更是明顯表露出嫉妒不滿瑪德萊娜受到如此多的

關注，她便隨著瑪德萊娜一同被送往阿維農去見大審判官賽巴斯丁·米夏埃利斯。

　　米夏埃利斯的驅魔術也未見效果，兩人便在皇家修道院接受弗朗索瓦·多普提烏斯的治療。豈料這時附身路易斯的三名惡魔，竟然表明瑪德萊娜身上除了別西卜、利維坦、巴魯貝力特、阿斯摩丟斯和亞斯她錄以外，還另有661名惡魔附身。接著路易斯又自稱惡魔維林，公開宣稱瑪德萊娜是因為戈弗里迪才遭到惡魔附身。為此，審問官決定傳喚戈弗里迪前來為兩人驅魔。

　　同年現身於聖博姆的戈弗里迪並不懂得驅魔的方法，而他在遭到路易斯檢舉為巫師後，便在尚未掌握到證據的情況下直接被關押入獄。不過戈弗里迪還是在友人的協助下隱蔽消滅了可能不利於己的證據，審判官決定將其釋放。戈弗里迪又透過教宗和馬賽主教施壓，這次輪到瑪德萊娜被收監於聖博姆，讓她的躁鬱症狀愈加惡化。

　　惡魔附身事件傳揚開來，案件轉交艾克斯的高等法院審理。戈弗里迪亟力欲擺脫嫌疑，然則一來議長紀堯姆·德·維爾極為迷信，二來米夏埃利斯又欲懲罰戈弗里迪而對法院施壓。1611年2月展開審理以後，瑪德萊娜極度躁鬱、兩度試圖自殺，至於戈弗里迪則因遭異端審問而在肉體上承受極大折磨消耗，終於承認自己與惡魔簽下「令所有女性痴狂並且服從」的契約。戈弗里迪雖然在稍獲恢復以後撤回了前述自白卻未獲採納，同年4月18日被判有罪，30日遭到處刑。

盧丹的惡魔附身事件

1634年 法國
維埃納省 盧丹

利用驅魔遂行
政治陰謀

1617年，爾班‧格朗迪埃神父受任命為盧丹的聖皮耶杜馬歇教區司祭，以及聖十字教會的法政牧師(注97)。他的叔父是耶穌會大學裡一名擁有很大影響力的司祭，所以格朗迪埃也擁有相當的政治勢力。

當時有許多司祭的生活都相當淫亂，而格朗迪埃也是其中一人，甚至還蓄有情婦。格朗迪埃放縱任性、樹敵眾多，經常有人要設計陷害他，格朗迪埃卻是素行不改。當時的盧丹仍有城牆，而時任法國首席大臣就是建立法國絕對王權政治基礎的黎塞留(注98)樞機主教。黎塞留為強化王權而下令盧丹拆掉城牆，而格朗迪埃曾大力反對而得罪了黎塞留。

1633年，樞教主教的心腹勞勃德蒙來到盧丹監督拆除城牆工程。樞機主教命令勞勃德蒙逮捕格朗迪埃，並指示跟自己早有默契的執政官和主教座堂(注99)附屬法官組成委員會，從此展開陷害格朗迪埃的陰謀。

參與支援這起陰謀的，包括拉克丹斯、特朗丘、敘蘭三名神父，以及烏爾蘇拉修道會的修女們。樞機主教讓修女們扮演遭惡魔附身的模樣，由三名神父假裝進行驅魔，然後告發是格朗迪埃引來惡魔附身。後來事情演變成由格朗迪埃公開為修女們進行驅魔儀式，然後他就當場遭正式舉報為巫師。

格朗迪埃的審判是場徹底的鬧劇。檢察官不用講，就連審判官也都是樞機主教的人，本想要撤回證詞的修女無一例外全都遭到威脅。通常審判應屬世俗法庭管轄，而且也還能向巴黎高等法院上訴，可是樞機主教卻運作前述的委員會封鎖這些管道，並透過不當的逮捕與恫嚇徹底封鎖了其他有意擁護格朗迪埃的活動。1634年，經過極為慘烈的拷打，格朗迪埃遭處火刑沽沽燒死。直到最後仍然不曾認罪，該是他唯一的抵抗。

吊詭的是，本應以格朗迪埃之死而告終的惡魔附身現象竟然並未停止，據說公開舉行驅魔儀式的修道院甚至還造成了觀光景點。樞機主教的姪子來到盧丹以後發現了此等欺瞞斂財的行徑，便向樞機主教報告。樞機主教接到報到以後，便安排定期撥款給這些修女們，惡魔附身的騷動這才逐漸平息了下來。

據說格朗迪埃死後，曾經參與處刑的拉克丹斯也在五個月後死亡，而特朗丘神父也在不到五年後便發狂而死。

法庭上提出作為證據的惡魔契約書。契約是以拉丁語用左右顛倒的鏡像文字寫成，記載有撒旦、別西卜、路西法、利維坦、埃利米、亞斯她錄等惡魔的名字。

盧維埃的巫術審判事件

**1643年 法國
厄爾省 盧維埃**

修道院因為神父對
異端的異常興趣而致解散

在17世紀的法國，許多案件是因修女和司祭的性關係而起，這可能是因為當時的司祭已經愈趨世俗化，而修女又不允許擁有正常的性生活。無論信仰如何堅定，人類忍耐終究有其限度，勢必要在某些環節釋放壓力。年輕修女罹患歇斯底里症的比例特別多，恐怕就是因為太過認真、過度禁慾所致。不過在這起盧維埃事件當中，事情卻是大有不同。

盧維埃事件的中心人物瑪德萊娜·巴旺自幼失親，由伯父夫婦撫養長大。1620年13歲時瑪德萊娜成為見習裁縫師，負責教會禮服的裁縫工作。其間不斷有司祭前來店裡視察，18歲時瑪德萊娜便受到邦南神父誘惑，決定加入盧維埃的修道院。虔誠的瑪德萊娜入會申請立刻就通過了，當時的她完全無從得知修道院裡面那些令人困惑的內情。

修道院隸屬於方濟各會的第三會(註100)，但據說院長皮耶·大衛神父素來對某個名為亞當派(註101)的異端教派頗感興趣。亞當派的最大特徵便是主張找回聖經當中「亞當夏娃純潔無垢的狀態」，並以裸體舉行儀式。瑪德萊娜加入的那座修道院，便有裸體領取聖體的儀式，並繼之以為期8～10日的斷食。

入會以後的三年期間，瑪德萊娜也從皮耶那裡接觸到了這個異端教派。雖說神父並沒有與修女性交，卻也不代表沒有任何性行為。1628年，教區司祭馬蒂蘭·皮卡神父及其助手托馬·布爾神父來到盧維埃接任皮耶的職缺。當時瑪德萊娜便一直反對這種做法，可是馬蒂蘭卻反而向瑪德萊娜告解情慾，終於讓她懷了身孕。

馬蒂蘭也沒有放過其他修女，曾多次以聖餅揉合經血血塊製作春藥埋進地底、唱誦咒文作法。據說他還曾經以嬰兒內臟、手腳屍塊等物製作神祕藥物，並且帶著瑪德萊娜、托馬和其他數名修女參加魔宴，甚至執行黑彌撒。

這種情形從1628年一直延續到馬蒂蘭死亡的1642年，而修女間也出現了惡魔附身的徵兆。教會展開調查以後，發現52名修女當中共有14人宣稱曾遭惡魔附身；她們供出普提法爾、大衰等惡魔的名字，而瑪德萊娜則成了眾矢之的。

其後修道院因涉及巫術嫌疑受到調查，1643年瑪德萊娜以巫術、參加魔宴、與惡魔性交等罪狀受到告發。她在脅迫之下招供承認自己是女巫，遭逐出修道會、判處終身監禁，試圖自殺未遂後於1647年死在獄中。

托馬神父同年以染指巫術嫌疑處以火刑，而被從墳裡挖出處以絕罰(註102)的皮耶，屍體也在同時被放火焚燒，盧維埃的修女們則是分散轉去了其他修道院。

賽倫女巫審判事件

1692 年 美國
麻薩諸塞州 賽倫

（地圖標示）紐約 ● ／華盛頓特區 ● ／賽倫 ● ／太平洋

從少女的惡作劇
發展形成極嚴重事態

　　新英格蘭位於美國東北部，是清教徒最早遷往定居的地區，本案便是1962年發生於新英格蘭的賽倫村。

　　山繆・帕利斯是村裡的牧師，他跟9歲的女兒伊莉莎白和11歲的姪女艾比蓋兒・威廉斯同住。伊莉莎白內向而害羞，艾比蓋兒則是好強而好奇心旺盛，她對伊莉莎白的態度相當強勢甚至有點專制。據說兩人經常和附近的另外八名少女，一起聽帕利斯家的奴隸提土巴講故事。

　　1月20日，伊莉莎白和艾比蓋兒突然發作、痙攣不止，從此以後兩人便偶有歇斯底里發作。首先是艾比蓋爾在斷食日發出怪聲、四處蹦蹦跳跳，或是在講道的場合表現出不敬的態度，不久後其他八名少女也開始有類似的行動。

　　其中七個人年紀在15到20歲間。起初人們只當她們是在惡作劇，可是當地的醫師和聖職者卻判斷少女們是受巫術所害，讓許多村民開始相信此事是某人下咒所為。人們問道「是誰在折磨妳們」，少女一時不知該如何回答，脫口說出了提土巴，以及薩娜・古德、薩娜・奧斯本總共三名女性的名字。

　　於是三人遭到逮捕，從3月開始審案，提土巴認罪並供稱其餘二人為共犯。負責此案審判工作的霍桑和科溫兩人深信女巫和魔法的存在，他們不但想方設法要從被告口中套出證詞，還要求少女們配合演出受魔法所苦的樣子。

　　3月12日，安・普特南另外舉報了名叫瑪莎・科瑞的虔誠女性，而其他少女也紛紛各自舉報了地主約翰・普羅克托、在當地頗受敬重的雷貝嘉・納斯，以及艾比蓋兒・福克納等村人。

　　就在舉報案陸續爆發的同時，眾少女當中的莎拉・邱吉爾和瑪莉・沃爾科特卻心生動搖而供稱自己舉報不實，不過兩人還是屈服於其他少女企圖瞞天過海的壓力，很快就翻供了。

　　此後遭舉報者仍然持續增加，終於連收容設施再也無法容納了。於是乎從6月2日起召開特別法庭進行起訴，6月10日執行布麗姬・比紹普的絞首死刑，而其他被判死刑者也陸續開始行刑。

　　眼看事態就要一發不可收拾，10月有名來自波士頓的聖職者向州長提出上訴。直到州長得知事態後下令停止審判，才終於結束了這場騷動。包括因故死於獄中者，期間共有22人喪命。

賽倫審判的情景。害怕真相被人發現的少女們互相牽制，扮演受魔法折磨痛苦的模樣，以不實罪名陸續將許多人逼上絕路。

世界惡魔小辭典

　　本書已經介紹了各種形形色色的惡魔，其實世界各地還另有許多惡魔存在。欲網羅全部惡魔悉數揭載自是不可能，包括印普、哥布林、彌諾陶洛斯等著名惡魔以及罕為人知的冷門惡魔，本節將盡可能就世界各地的惡魔、以及被貶為惡魔的各宗教神祇等，進行介紹。

✡ Adanc 狸怪

威爾斯傳說中的海怪。外形酷似水狸，棲息於水邊。傳說狸怪會將靠近水邊的人類拖進水中吃掉，或是掀起洪水。

✡ Aerial 阿耶利亞

存在於大氣之中的惡魔。阿耶利亞隨時與地獄保持連絡，能操縱風並使其化為實體。他還能颳起龍捲風或暴風雨擊沉海面船隻等，是個為害頗大的危險惡魔。

✡ Aethnicus 埃斯尼克斯

能以燃燒的火焰或火把等諸多形態現身的火焰惡魔。鍊金術將其視同於執掌火元素、棲息於火焰之中的蠑螈形狀火精靈。

✡ Agaliarept 阿迦里亞瑞普特

跟隨在路西法身邊的一名惡魔。他在地獄裡是名將軍、地位頗高，與撒塔納奇亞共同率領地獄第二軍團。他通曉發生在宮廷與會議室裡的各種祕密，能夠解開神祕謎團。

✡ Aka Manah 阿卡瑪納

瑣羅亞斯德教當中，與善神佛乎馬那（Vohu Manah）敵對的惡神。名字有「惡意」的意思，遭附身者將會思考錯亂，失去分辨善惡的能力。

✡ Akibel 阿基貝

舊約聖經的偽經《以諾書》記載的惡魔。亦作阿基畢爾。惡魔首領桑哈札命令他來到地上，傳授判別解讀徵兆的相關知識給人類。

✡ Aldinach 阿爾帝那

能發動地震、暴風雨和冰雹的惡魔，也藉著這些能力使船隻遇難。一般認為他是來自埃及的惡魔，然此說未經證實。

✡ Allatum 阿拉圖姆

一部分惡魔學者尊其為冥界女王，經常被視同於美索不達米亞神話的冥界女神艾瑞基西格。她也是在伊斯蘭教尚未問世以前，地位相當於阿拉的女神。

✡ Alraune 阿爾勞娜

後來被貶為惡魔的古日耳曼傳說中的守護女神。阿爾勞娜也是魔法和鍊金術經常使用的一種植物曼陀羅根[注103]在德國的別名。

✡ Amazarak 阿馬札喇

《以諾書》的惡魔。受命於惡魔首領桑哈札，來到地上教導人類如何成為魔法師，傳授魔法基礎知識。

✡ Ammut 阿穆特

埃及神話當中審判死者的幻想生物。倘若死者有罪不容轉世，阿穆特就會吃掉他的心臟。阿穆特長相奇特，由鱷魚頭和獅子的上半身、河馬的下半身所組成。

✡ Anarazel 阿納拉瀉勒

《地獄辭典》說阿納拉瀉勒能夠助人隱藏、管理甚至偷偷移動財寶以免遭人發現。搖晃房屋、颳起暴風雨等壞事他也會做。身邊有兩個名叫加齊耶和斐寇的惡魔同伴。

✡ Anhangá 安漢加

流傳於巴西的「惡精靈」，亦稱安漢加巴。能任意變化成各種模樣，利用幻影危害人類。

✡ Antichrist 敵基督

假扮耶穌基督，教人背棄耶穌教誨為惡的偽基督。末日論將其視為惡魔，指敵基督將無法在審判日獲得救贖。

✡ Apaosa 阿帕奧沙

瑣羅亞斯德教的惡魔。阿帕奧沙是頭無毛的漆黑馬匹，能夠任意在空中飛翔。他能帶來旱災，後來人們也相信洪水等災禍亦是起因於阿帕奧沙。

✡ Apep 阿佩普

埃及神話中的巨蛇惡魔，是太陽神拉的宿敵。亦稱阿波菲斯。他擁有不死之身和劇毒蛇牙，通常都在地獄裡折磨亡者。

✡ Asherat 阿希拉特

烏加里特(注73)神話的女神，眾神的女王。名字有「前往海邊的貴婦人」的意思，神話說她就住在海邊。《舊約聖經》曾以異教神祇亞舍拉之名記載。

✡ Asura 阿修羅

婆羅門教、印度教和印度神話中的魔族。起初，阿修羅本是神的眷族，與瑣羅亞斯德教至高神阿胡拉‧馬茲達名字中的「阿胡拉」同義。日本佛教稱作阿修羅。

✡ Azaradel 阿撒喇跌

《以諾書》提及的惡魔之一。他與阿基貝同樣受命於桑哈札，降到地上傳授人類關於月亮的各種知識。

✡ Azibeel 阿濟比葉

其名見載於《以諾書》的惡魔。關於這名惡魔所知甚少，只知道他和阿基貝等惡魔一同出現在地上，傳授某種知識給人類。

Ⓑ

✡ Baba Yaga 芭芭雅嘎

斯拉夫民間故事裡的女巫、妖婆。她平時住在雞腳小屋裡，還會坐著大鍋飄浮飛行，誘拐小孩來吃。只不過有些故事說她曾幫助人類，因此芭芭雅嘎並非絕對的惡。

✡ Balberith 巴魯貝力特

由《舊約聖經》曾經提及的異教神祇巴力‧比利土演變而來的惡魔。「比利土」此名則是所羅門王72魔神的其中一名，從前本是智天使長。

✡ Balkin 巴爾金

巴爾金是古勞隆和盧利丹的王，是握有1500個軍團的北方山脈統治者。相傳他現身時總會先有眾多騎著變色龍的小矮人為他開路，然後自己才騎著瘦小的山羊出現。

✡ Balor 巴勒

塞爾特神話的魔神。綽號「魔眼巴勒」，只消以視線相對便能殺死敵人。後來被自己的孫子太陽神盧訶以投槍（或曰投石）貫穿而死。

✡ Baltazo 巴爾塔祖

讓‧博丹乃以瘋狂推動獵巫活動而聞名，而巴爾塔祖則是出現在他調查報告裡的惡魔。據說巴爾塔祖曾經在1566年，於法國某個叫作拉昂的城鎮附身於尼可‧奧布莉身上。

✡ Barakiel 巴拉基勒

喀巴拉經典《光輝之書》當中，巴拉基勒是七名墮天使「以欣」的其中一員。《以諾書》說他曾經傳授人類占星術。

✡ Behemoth 貝西摸斯

《舊約聖經》曾經提到的一種巨大陸地怪物，中世紀以後受人視為惡魔。《地獄辭典》則是把貝西摸斯描繪成上半身如同大象、下半身像河馬的模樣。

✡ Bes 貝斯

斯拉夫諸多民族間自古流傳的惡靈。當初基督教傳入時，貝斯曾經一度被當作惡魔「Demon」的譯語使用，至於其真正意涵則轉移形成另一名惡魔秋爾特，從此貝斯便成了「惡魔」的代名詞。

✡ Bhairava 陪臚

印度神話的主神濕婆共有八個性質各異的面相，其中最凶殘粗暴恐怖的一面，便喚作陪臚。他會帶來破壞和毀滅，亦稱「大黑天」。

✿ Bicorn 畢空

從男人對妻子的抱怨不滿當中孕生的肥豹，據說他會獵殺長命的丈夫來吃。不知為何緣故，畢空經常被視同於頭頂有兩支角的馬形怪物二角獸。

✿ Bolarim 包拉林

根據《妖術的揭發》記載，術師必須借用其力量方能召喚北風精靈盧利丹，是主宰南方的大氣精靈首領。應是將希臘的南風包裡亞斯擬人化而成。

✿ Briffaut 布里霍

《地獄辭典》所述率領1個地獄軍團的惡魔。他並不怎麼有名，曾經在17世紀法國北部波威的惡魔附身事件當中附身於女性身上。

✿ Bruja Demon 布魯赫‧戴蒙

其名意為「女巫的魔神」，是15世紀西班牙主教艾方索‧德‧史賓納定義的十名惡魔之一。會以幻覺誑騙老婦、誘其參加女巫聚會魔宴。

✿ Bushyasta 布殊雅斯塔

雙手異樣地長的瑣羅亞斯德教女惡魔。瑣羅亞斯德教相信早起的人能夠上天國，而這個惡魔卻會吹送睡意使人怠惰，誘惑本應起床的人再次進入睡眠。

✿ Cabracan 喀布拉坎

馬雅神話的巨人，擁有搗毀山峰的怪力。他是維科布‧卡庫伊科斯的次子，跟父親同樣都遭雙胞胎英雄烏納普與斯巴蘭克所擊敗。

✿ Cacodemon 卡柯戴蒙

希臘的惡靈，傳說黑帝茲[注104]是他們的王。相對地，善靈則是喚作阿加多戴蒙（戴蒙此語本身並無善惡意涵）。

✿ Caspiel 加斯伯祿

司掌月亮的天使或惡魔。其名有「被神禁閉者」之意。路德博士的《天使魔術論》說加斯伯祿是支配統治南方的大帝，麾下有200名大公和400名小公爵。

✿ Chalkydri 十二翼天使

《以諾二書》等文獻曾有提及的幻獸。鱷魚頭獅子身，背部生有十二隻翅膀。他與菲尼克斯負責拉曳太陽戰車運行於天際。

✿ Chërt 秋爾特

秋爾特在俄羅斯是種全身長滿黑毛、有角有尾的典型惡魔。另一方面，秋爾特在東斯拉夫地區卻是超自然存在的統稱，除惡魔以外各種形形色色的精靈等也都羅其中。

✿ Chichevache 奇切巴切

《坎特伯利故事集》等作品曾經提及的某種長得像牛的寓言怪物。他專門吃善良的女性，可是這種女性並不多見，所以奇切巴切很是瘦弱。相反地，有種專吃長壽男子的怪物畢空卻是很肥碩。

✿ Chonchon 飛頭

智利某部族傳說中的怪物。人類頭顱長著兩隻翅膀形狀的耳朵，會一面發出怪叫聲在空中盤旋飛行。他會吸取病人的血和魂魄，經常在病人住家周圍出沒。

✿ Daeva 提婆

瑣羅亞斯德教的邪神安格拉‧曼紐創造的眾多惡魔之統稱。提婆在梵語當中意為「神」，在波斯／伊朗的語意卻是恰恰相反。

✿ Daitya 底提耶

底提耶是印度的神族，名字是「底提之子」的意思。底提耶就是聖仙迦葉跟妻子底提所生下的孩子們，經常與眾神敵對。

✿ Danava 檀那婆

檀那婆是印度的神族，名字是「檀奴之子」的意思。檀那婆就是聖仙迦葉跟妻子檀奴所生下的孩子們。經常被視同於底提耶。

✿ Deumus 狄歐穆斯

印度部分地區奉為女神突迦之化身崇拜信仰的女神。她的頭頂是炫麗堂皇的王冠和四支頭角、嘴邊掛著四支偌大的彎牙，鼻形如鉤，腳如公雞。

Devils of Enoch 以諾書的惡魔

研究家佛瑞德·蓋廷斯將聖經偽經的各部《以諾書》提及的墮天使分為第一類以諾書惡魔，又將可能記載於已散佚類似書籍的魔神（如哥耶提雅等）分類為第二類以諾書惡魔。

Devils of four directions 四方的惡魔

統治支配東南西北的魔王。《哥耶提雅》寫到亞邁蒙在東、寇森在西、基米梅統治南方、勾邊普則是統治北方，不過不同魔法書各有不同說法。

Diabolos 迪亞波羅斯

即拉丁語和希臘語的「惡魔」，語源同英語的「Devil」。此語除泛指一般惡魔以外，也經常被拿來跟撒旦做對比，甚至還曾經作所有惡魔的指揮官語意使用。

Echidna 艾奇德娜

希臘神話的怪物。上半身是美女，下半部卻是蛇身。其出身說法不一，能確知的是她跟堤豐生下舍我惹狼和海德拉等各種怪物。

Erinys 埃裡尼斯

希臘神話當中三名女神艾力圖、泰斯芬、美格羅的統稱。她們是復仇女人，專門懲罰殺害父母者，相傳她們會擾亂人心使人步向破滅。

Erlik 埃利刻

西伯利亞南部傳說中的惡魔之王。他與創造神兀兒該對立，因為作惡而被放逐到了冥界。關於埃利刻的長相諸說紛紜，大多描繪成熊或老人的模樣。

Euryonme 歐律恩美

希臘神話的水之女神，經常以人魚模樣呈現。她是從前奧林帕斯的統治者巨蛇歐皮昂的妻子。《地獄辭典》指其為高等惡魔。

Familiars 魔寵

供魔法師和女巫差使的精靈或動物，動物以貓和烏鴉較為普遍。基本上魔寵的力量不及主人強大，只能按照主人命令做些簡單的工作。

Fecor 斐寇

《地獄辭典》所記載負責看守管理地底財寶的惡魔。身邊有兩個叫作加齊耶、阿納拉瀉勒的惡魔同伴，他們經常一起做搖晃人們住家、召喚暴風雨等壞事。

Fenrir 芬里爾狼

北歐神話中的巨狼怪物。他是洛基的長男，是世界蛇約爾孟甘德[注105]和冥界女王海爾[注106]的兄長。世界末日諸神黃昏來臨時，命運註定芬里爾狼將與主神奧丁父子作戰並且戰死。

Furiae 富莉亞伊

希臘神話的復仇女神埃裡尼斯在羅馬神話裡面的名字，名字是狂亂的意思。富莉亞伊的職掌，便是要懲罰殺死自己父母親的孩子。

Ganga 剛嘉

剛嘉是恆河女神，《地獄辭典》卻指為女惡魔。據說她有四隻手臂，左手拿著個小碗，右手拿著支叉子。她在印度極受民眾畏懼，據說從前還曾經以活人獻祭祭祀剛嘉。

Gaziel 加齊耶

《地獄辭典》所載管理財寶的惡魔阿納拉瀉勒的同伴。他會偕同阿納拉瀉勒和斐寇做些搔動人類的住家、引起暴風雨等壞事。

Geryon 革律翁

希臘神話中的巨人怪物。一說他有三顆頭顱，另說他有三顆頭顱三個身體、六手六腳。他便是赫拉克勒斯的十二個偉業功績之一，曾經挑戰赫拉克勒斯失敗被殺。

Glauron 古勞隆

《妖術的揭發》所記載統治北方的大氣精靈首領。古勞隆又受巴爾金統治，麾下則另有名叫作盧利丹的惡魔。術師必須借用古勞隆的力量方能召喚盧利丹。

Goblin 地精

英國傳說中潛伏於房屋住家的精靈。原先是個只會搞些小小惡作劇而不甚危險的精靈，後來卻遭基督教貶為惡魔，轉而變成邪惡的精靈或依附於人類住家的魔鬼。

H

✡ Harpuia 鳥身女妖

希臘神話當中半人半鳥的怪物。上半身是人，下半身是鳥，沒有手臂卻是翅膀。據說她本是南部克里特島的女神，至古典時代方才淪為惡魔。

✡ Harut wa Marut 哈魯特與馬魯特

哈魯特和馬魯特是天使雙人組。伊斯蘭教說他們是來考驗人類的信仰，猶太教基督教卻說他們降到凡間以後受肉慾和美酒迷惑，觸怒上帝將他們打入了巴比倫的水井裡。

✡ Hecate 赫卡蒂

希臘神話的女神，是地位僅次於黑帝茲和泊瑟芬的冥府神，同時她也是個跟魔法淵源頗深的女神，並且因此在後世遭人斥為邪惡。

✡ Hobgoblin 淘氣地精

英國的住家精靈。拜J.R.R.托爾金所賜，使得現代人普遍都認識這支地精的主要亞種，但事實上他們本來並不邪惡，反而還會幫忙做些家事什麼的，是對人類相當友好的妖精。

I

✡ Imp 印普

歐洲傳說中的惡魔。體型與人類孩童相近，唯肌膚黝黑，頭頂生角背有羽翼。印普的呼吸能使植物枯萎、動物罹病，還有變身能力。

✡ Innana 依南娜

後來遭人貶為惡魔，司掌愛情、戰爭與金星的蘇美神話女神。她是月神楠娜和寧伽勒之女，是都市國家烏魯克的守護神。視同於巴比倫神話當中的伊施塔。

✡ Ishim 以欣

猶太教祕主義喀巴拉經典《光輝之書》提到的七名天使，相當於各部《以諾書》中的守護天使。各自精通科學藝術等不同領域的知識技藝。

J

✡ Jenounes 桀奴

阿拉伯一種介於天使與惡魔中間的靈。桀奴會化成爬蟲類出沒在森林池塘等地，讓踩到自己的人生病作為報復。被桀奴附身的人叫作瑪桀奴。

K

✡ Kali 迦梨

相傳為印度神話女神突迦或帕瓦娣所生，抑或是眾多化身其中之一的女神。迦梨極為好戰，經常描繪成四隻手分別拿著劍矛或敵人首級等物的模樣。

✡ Kaous 卡俄烏斯

羅德島等希臘部分地區傳說中的惡魔。他會依附於家屋房舍，是種類似搗蛋妖精的惡魔，還會突然騎到人類背上、用棍棒敲打其人駄著自己跑。其名是燃燒者的意思。

✡ Kericoff 克里柯夫

《地獄辭典》記載的俄羅斯惡魔。這是個跟水關係匪淺的惡魔，能發動暴風雨、龍捲風，還有傳說指他曾以黑色大手捉住並摧毀船隻。

✡ Kikimora 琪琪茉拉

斯拉夫傳說中棲息於人家的精靈。琪琪茉拉鮮少現身，大多都是發出呻吟聲、摔破碗盤企圖將人類趕出房屋。家中有琪琪茉拉寄居依附，乃是災厄的前兆。

✡ King Hugon 胡格王

法國中部都市都爾的惡靈。經過口耳相傳直至今日仍是極受孩童畏懼的惡魔，同時也是法國改革派胡格諾派[注107]的語源。

✡ Kleudde 克魯德

《地獄辭典》記載的法蘭德斯[注108]的薄霧精靈。傳說他體內流著惡魔的血，眼神銳利、口似吸血鬼，動作敏捷，實體雖肉眼可見卻模糊不清，伸手捉摸不到、會直接穿透身體。

✡ Kobold 狗頭人

狗頭人本是德國傳說中的家庭小精靈，至中世紀時轉而變成指稱礦山裡的惡靈。狗頭人跟喜歡對人類惡作劇的地精有許多共通點，甚至經常被視為同物。

L

✡ Lamia 拉彌亞

希臘神話當中一隻上半身是人、下半身是蛇的女妖。她跟主神宙斯生的孩子遭到善妒女神赫拉殺死使她失去理智，變成了專門擄掠孩童生吃的怪物。

✡ Larvae 遊魂

古羅馬傳説中的亡靈，意為「幼蟲」。死者因生前素行不得前往冥界，只能在地上遊蕩。遊魂會在入夜後出沒，咒殺各種生物。

✡ Lechy 白鬍仙

斯拉夫民族傳説中的森林精靈，名字是「森林裡的人」之意。白鬍仙是個滿頭滿臉長髮長鬚的老人，身高跟樹木一樣高，可當他走出森林卻又會變成跟樹葉一樣小。白鬍仙也會幫助人類，不過冒犯他當然也是會有報應的。

✡ Leonard 雷奧那多

通稱「魔宴的公山羊」。雷奧那多有各種不同化身，經常以黑色山羊模樣帶領眾多下級惡魔主持魔宴，引導參加者從事諸多淫行。據説他有時候也會變成人類誘惑女性。

✡ Leyak 雷雅克

峇里島的惡魔，女巫蘭達的爪牙。雷雅克有條極長的舌頭和大牙齒，頭顱底下只是掛著整副內臟卻沒有身體。據説雷雅克會使用變換身形長相的黑魔法，襲擊嬰兒孕婦噬食其血肉。

✡ Luridan 盧利丹

蘇格蘭奧克尼群島的精靈，會幫忙做生火燒暖爐、清洗碗盤、掃地等家事。《妖術的揭發》説威爾斯人相信盧利丹會以英語預言詩開示於人。

✡ Magot 瑪寇特

魔法書《亞伯拉梅林的神聖魔法書》記載的惡魔，是「八名低階王子」其中之一。1618年歐什[注109]的驅魔事件當中曾經附身於一名貴族。其名是蛆蟲的意思。

✡ Mahonin 瑪和寧

1618年法國南部歐什舉行驅魔儀式時，附身於貴族身上的惡魔。因為附身之前瑪和寧原本是在水中，由此可判斷其敵對聖人是聖馬可。

✡ Mazzkin 瑪列肯

猶太教的惡魔。根據猶太教經典《塔木德》[注110]記載，瑪列肯是亞當和莉莉絲犯罪以後生下的種族。另有説法認為瑪列肯是上帝在創造世界的第六天末尾所創，因為時間不夠才變成了半人半靈的模樣。

✡ Merizim 梅利金

能刮起暴風雨的「天空大軍」的君主。法蘭西斯・巴瑞特所著《魔法師》指其為疫病魔王，亦稱梅利欣。據稱從前使徒保羅便曾經遭遇過梅利金。

✡ Minotaur 彌諾陶洛斯

希臘神話中的牛頭怪物，是米諾斯王后遭波賽頓詛咒所生。自從但丁《神曲》寫到他以後，彌諾陶洛斯也成了惡魔學的一個主題。

✡ Montagnard 蒙塔尼亞德

棲息於山中坑道的法國惡魔。身長雖然僅有90cm，不過面容猙獰可怖，一旦遭到侮辱就會讓對方落得慘下場，礦工們畏之頗甚。

✡ Mullin 穆林

《地獄辭典》説穆林雖屬低階魔神，卻是別西卜的首席僕從。許多女巫審判相關記錄也提到惡魔雷奧那多主辦魔宴時，會選擇穆林擔任副手。

✡ Nanhaithya 難訶師耶

即亦稱雙馬童的印度醫術之神那薩底耶。難訶師耶是位優秀的騎士，故以馬為聖獸。能庇佑信徒獲得長壽、安產、除災解難。瑣羅亞斯德教卻是將難訶師耶列為惡魔提婆。

✡ Nix 水仙

北歐／日耳曼的淡水系水精靈。他會用充滿魅力的美貌和音樂誘惑人類、把人溺死。偶爾水仙也會愛上人類，可是他們都沒能耐得住地面的生活，最終還是回到了水底去。

✡ Nybbas 尼拔斯

尼拔斯在《地獄辭典》裡屬於下級魔神，在地獄裡是統率所有小丑的首長。他能讓人產生幻覺、做噩夢，驢腿和燦爛笑容是尼拔斯的最大特徵。擁有一頂鐵頭盔和大鼓。

✡ Pan 潘

希臘神話當中監視牧羊人和羊群之神。上半身跟人類頗為類似，下半身卻是山羊腿，頭頂還長有山羊角。他在羅馬神話裡的名字叫作佛諾努斯。

✡ Picollus 畢寇斯

普魯士和立陶宛的戰神，是個戴頭巾綠鬚老人。畢寇斯乃以冥府為根據地、職司不幸與憎恨，是以後來受人視為惡魔。他與雷神佩爾庫納斯、豐饒神波特里姆波形成三位一體。

✡ Pluton 普魯敦

由視同於希臘神話黑帝茲的羅馬神話冥界之神普魯敦所演變形成的惡魔。他是火的君主、火焰國度的總督，擁有無數金銀財寶。

✡ Poludnica 波露得妮查

俄羅斯的精靈，名字是「白晝之女」的意思。她會在正午應該要休息的時候出現在田裡找尋不願休息仍在工作的人，並持大鐮刀砍殺之。

✡ Puck 帕克

以《仲夏夜之夢》聞名的英國妖精。不同地區對他的稱呼各異，包括博克、皮斯卡、帕克耳等。帕克擁有優異的變身能力，他也經常利用這種能力來惡作劇。

✡ Put Satanachia 撒塔納奇亞

《真正奧義書》等魔法書曾經提及的惡魔。他是路西法麾下的地獄將軍，與阿迦里亞瑞普特共同率領惡魔軍隊。擁有能任意操縱所有女性的異能。

✡ Python 畢頌

希臘神話裡面被太陽神阿波羅殺死的巨蛇或巨龍。畢頌在阿波羅尚未誕生前便曾經襲擊其母樂朵，也因此被視為惡龍。

ⓇR

✡ Rahu 羅睺

盜取眾神靈藥「神聖蜜」而被斬首的阿修羅，而其首級又飛升上天吞噬日月，造成了日蝕和月蝕現象。漢語譯作羅睺或羅睺星。

✡ Raksa 羅剎

印度教傳說中的吃人惡鬼，女性則稱羅剎女。羅剎在佛教裡則是吞噬煩惱的善神，與夜叉一同服事於毘沙門天。

✡ Randa 蘭達

印尼峇里島的女巫，是吐著長舌頭、肋骨嶙峋的垂乳老太婆。名字是「寡婦」的意思。蘭達的魔法會造成災禍危害人類，還會死而復活、跟神獸巴隆永無止境的戰鬥下去。

✡ Ribesal 利貝索

波蘭境內羅森貝克（巨人山脈）山頂的精靈，他有把暴風雨豎琴可以用來控制山裡的天候。利貝索可以是惡魔也可以是精靈，全因他所遭遇到的人類本性善惡而異。

✡ Rousalka 羅莎卡

斯拉夫的豐饒女神、淡水水域的水精靈，據說是由溺斃的女性所化。通常以一頭綠色長髮的年輕裸體女性模樣出現，會誘惑並試圖使男性溺水而死。

Ⓢ

✡ Samanu 撒瑪奴

從發祥地美索不達米亞傳播至埃及等地，襲擊孩童和賣春婦的惡魔。撒瑪奴的長相獨特，長著獅子頭、龍的牙齒、鱷魚爪和蠍子尾巴。

✡ Satyros 撒泰爾

希臘神話當中半人半獸的精靈。上半身是人類男性的模樣，下半身則是山羊或馬的下肢。撒泰爾不但經常被視同於畜牧之神潘，對早期的惡魔形象也有很大影響。

✡ Saurva 沙爾瓦

瑣羅亞斯德教的惡魔。他的名字在阿維斯陀語裡面是「無秩序」的意思，其使命便是要使人類陷入混亂。跟執掌秩序和礦物的善神克沙得拉·瓦伊里亞對立。

✡ Sausine 邵辛

根據《地獄辭典》記載，邵辛是法國南部拉布林地區出現在魔宴當中的女巫，也是負責魔宴進行的巫女。邵辛也是撒旦的第一夫人，是地獄的大人物。

✡ Schedim 史格丁

希伯來傳說當中用來指稱惡魔的泛稱。相傳史格丁和幫助人類使用魔法的瑪列肯，是亞當與莉莉絲之子。史格丁既非異教神祇也非墮天使，在基督教當中是個角色迥異的惡魔。

✿ Sendusinui 仙度西努伊

凍原的精靈。只要送他最喜歡的撲克牌和酒就能獵到北極狐狸，可是跟仙度西努伊打過交道的人死後都會被送到撒旦那裡去。

 T

✿ Tamiel 塔米爾

舊約聖經偽經《以諾書》所載守護天使「神之子」的一員，也是桑哈札的同伴。曾經傳授觀測天體的技術給人類，因而從天界墮落。

✿ Taraka 陀羅迦

印度神話裡的一名阿修羅，名字是星辰的意思。陀羅迦獲得創造神梵天賜予無敵的肉體、除主神濕婆以外沒人能殺他，他藉此征服了世界，後來卻被濕婆之子室犍陀所殺。

✿ Taromaiti 他洛馬提

瑣羅亞斯德教的女惡魔，名字是「叛教」的意思，她與「虔敬」「獻身」的女神阿拉馬提互為對立。可以用埃拉亞曼伊撒咒語驅逐之。

✿ Tiamat 蒂雅瑪特

美索不達米亞神話中原初之海的女神。她跟淡水之神阿部蘇交合，生下了眾多神明和怪物。後來蒂雅瑪特在巴比倫的創世敘事詩當中成了原初混沌的象徵，從而被視為惡魔。

✿ Typhon 堤豐

希臘神話的怪物。體型龐大足以撼動大地，上半身像人下半身卻是蛇身，肩頭長滿無數蛇頭。堤豐還跟妻子艾奇多娜生下許多怪物。

 U

✿ Ukobach 烏可巴客

《地獄辭典》介紹的下等惡魔。經常以灼熱燒燃的模樣現身，據說煙火和油炸料理便是他的發明。別西卜命令烏可巴客不斷往地獄的鍋爐添油，讓爐火不致斷絕。

 V

✿ Verdelet 潘德雷

《惡魔辭典》指為地獄宮廷中主持儀式的惡魔。他會改換各種不同名字來誘惑女性，藉此讓女巫飛行去到魔宴的會場。

✿ Vodianoi 否狄阿諾伊

東歐傳說中的水怪。全身佈滿綠藻、模樣看起來很是恐怖，也能變身成老人。會把人或馬拖進水中，有時也會在暴風雨當中伸出援手。

✿ Vucub Caquix 維科布‧卡庫伊科斯

馬雅神話《聖書》所載貌似鸚鵡的惡魔或巨人。雙胞胎英雄烏納普、斯巴蘭克拔掉他力量來源──翡翠牙齒，打敗維科布‧卡庫伊科斯。

 W

✿ Windigo 溫敵哥

流傳於美國和加拿大的冰雪精靈。乘風行走的溫敵哥，另稱伊達卡。沒人能夠看見他的模樣，一說他雖然會嚇人其實卻是無害，但亦有說法指溫敵哥會擄人為食。

 Y

✿ Yaksa 夜叉

印度教傳說中的男性鬼神，女性則稱夜叉女。後來受到佛收吸收採納，成為毘沙門天的眷族、鎮守北方。

✿ Yan-gant-y-tan 楊甘伊坦

意為「拿著火的楊」。傳說中在法國布列塔尼半島徘徊的魔怪或鬼火。楊甘伊坦的五根手指帶有五支蠟燭，他的出現乃是凶兆。

 Z

✿ Zairic & Taurvi 薩里奇&陶威

瑣羅亞斯德教的惡魔雙人組合，雙方都帶有消滅植物的使命。薩里奇（枯渴）與善神阿美裡塔對立，陶威（熾熱）則是與善神豪瓦達敵對。

✿ Zipakna 辛巴克那

馬雅神話的巨人，維科布‧卡庫伊科斯的長子。擁有足以搬動大山、打造山脈的怪力。最終被雙胞胎英雄烏納普與斯巴蘭克給活埋打敗了。

惡魔分布圖

本書針對諸多惡魔介紹至此，
而這些惡魔又是流傳於哪些國家和地區呢？且讓我們就著世界地圖，
看看各個惡魔傳說各自的流傳地。

亞洲

伊朗

安格拉・曼紐	P.96
賈西	P.98
得魯吉	P.100
阿斯圖・維達特	P.102
阿日・達哈卡	P.104

印度

錫蘭

美索不達米亞

伊斯蘭文化圈

法國

歐洲

第六章

惡魔資料室｜惡魔分布圖

注釋

注1： 瑣羅亞斯德教（**Zoroastrianism**）：西元前7世紀興起的波斯宗教。奉光明之神阿胡拉·馬茲達為主神的多神教。生於西元前669年的查拉修特拉（亦稱瑣羅亞斯德或查拉圖斯特拉）30歲時「發現光」而成為先知，此後致力向波斯人傳播教義。古伊朗地區的遊牧民族原本就有崇拜火炎的宗教儀式，後來瑣羅亞斯德教說火炎乃光明之神阿胡拉·馬茲達之子，稱作「聖火」。瑣羅亞斯德教別名「拜火教」便是由此而來。

注2： 鎮尼（**Djinn**）：阿拉伯民間傳說裡的精靈。以〈阿拉丁神燈〉神燈裡的精靈最為有名。人類平常看不見鎮尼；若鎮尼欲現身時，就會由類似雲或煙的氣體聚集形成固體，出現在人類眼前。鎮尼變幻自在，其真正模樣究竟如何仍是個謎。

注3： 諾斯替教（**Gnosticism**）：此字源自希臘語中代表智慧的「Gnosis」一詞，是個與基督教同時期在地中海沿岸誕生的宗教思想運動。不少人誤以為諾斯替教乃基督教的異端，但它原本就是個獨立的宗教運動，直到後期才有吸收部分基督教教義的基督教式諾斯教（或稱基督教諾斯替派）出現。

注4： 艾什瑪（**Aēšma**）：瑣羅亞斯德教中司掌狂行暴舉的惡魔。艾什瑪總是手持滿佈鮮血的武器，與暴徒的形象十分相稱。

注5： 非利士人（**Philistine**）：起源於愛琴海的民族。西元前12世紀在以色列人到達前不久定居於巴勒斯坦南部海岸地帶。《聖經》說他們來自斐托（Caphtor，可能就是克里特島），埃及史冊則稱他們為「普利斯特」（prst），為海上民族之一。

注6： 巴力（**Baal**）：巴力原本專指腓尼基的植物之神。但是自從這個名詞開始用來泛指一般的「神」之後，就開始出現無數的「巴力·～」。《舊約聖經》中就有好幾個叫作「巴力·～」的異教神出現。就連有名的別西卜（Beelzebub）也是其中之一。

注7： 摩押人（**Moabites**）：西閃米特的一支，居住在死海以西的高原（今約旦中西部），興盛時期為西元前9世紀。他們主要經由《舊約聖經》和摩押石碑上的碑文所提供的信息而為人所知。學者們推斷，摩押人文化年代約從西元前14世紀至西元前582年，據猶太歷史學家約瑟夫斯（Josephus，西元1世紀）稱，是年他們被巴比倫人征服。

注8： 「～婚姻生活嗎？」：傳說貝耳非高爾是被路西法從地獄送到地上去尋找在地上是否真的有「婚姻的幸福」。惡魔們聽說過有關這事的傳言，但他們也知道人們並非被設計為能和睦生活的存在。貝耳非高爾在地上的經歷很快就說服他認為那傳言只不過是子虛烏有。這個故事被發現在早期的現代文學作品中，因而被用為「憤世嫉俗者」與「荒淫、放肆者」的代稱。

注9： **羅拉德派（Lollardy）**：或稱羅拉德主義（Lollardism）。英格蘭宗教改革期間產生的新教流派。由約翰‧威克里夫（John Wycliffe）於1381年發起，旨在反抗天主教的權威。

注10：**《十二族長遺訓》（Testaments of the Twelve Patriarchs）**：基督教聖經的經外書，內容是雅各的十二個兒子對以色列十二支派留下的遺訓。它是1666年亞美尼亞奧斯坎語東正教聖經的一部分，以希臘文寫成，時間可以追溯到西元2世紀前後。

注11：**聖方濟（Saint Francis of Assisi，1182～1226）**：天主教方濟會和方濟女修會的創始人，義大利主保聖人。

注12：**聖保羅（Saint Paul The Apostle，10?～67?）**：西元1世紀的猶太人，原是基督教會死敵，後來成為主要使徒，也可能是教會最偉大的神學家。其足跡遍及各地，加上對普世教會的夢想，加速基督教成為世界性的宗教。《使徒行傳》有一半以上篇幅述及他的生涯，連同他所寫或署名的書信，共占《新約聖經》1/3的內容。

注13：**施洗者約翰（Saint John the Baptist，1世紀初葉）**：《聖經》人物，是出身祭司家庭的猶太人先知，在1世紀初宣講上帝的最後審判即將來臨，為悔改者施洗禮。據《新約聖經》的福音書記載，他為拿撒勒人耶穌施洗，耶穌受洗後立即開始傳教活動。

注14：**聖巴拿巴（Saint Barnabas，1世紀）**：基督教使徒時代教父。希臘籍猶太人，生在居比路（塞浦路斯），在耶穌被釘十字架以後不久加入耶路撒冷教會，偕同保羅一同進行傳教活動，48年兩人一同返回耶路撒冷。不久，兩人發生嚴重對立而分離。

注15：**聖巴多羅買（Saint Bartholomew，1世紀）**：耶穌十二門徒之一。據4世紀《教會史》（Ecclesiatical History）說，2世紀有人在印度發現巴多羅買遺留的希伯來文《馬太福音》。傳說巴多羅買也曾到過衣索比亞、美索不達米亞、安息（Parthia，在今伊朗）、利考尼亞（Lycaonia，在今土耳其）、和亞美尼亞（Armenia）。據說他被巴比倫國王下令剝皮砍頭而死。

注16：**聖多米尼克（Saint Dominic，1170?～1221）**：西班牙天主教佈道托鉢修道會多米尼克會創始人。

注17：**聖貝爾納（Saint Benard de Clairvaux，1090～1153）**：法蘭西人，天主教西多會（Cistercians）修士、神祕主義者。在政治、文學、宗教等方面對西方文化有重大影響。

注18：**聖史蒂芬（Saint Stephen，?～36?）**：耶路撒冷基督教會執事，基督教第一個殉教士。他在猶太教公會上的答辯闡明了原始基督教義體系。這篇答辯詞激怒了聽眾，他被帶出城外用石頭打死。

注 19：**傳福音的聖約翰**（**Saint John the Evangelist，1世紀**）：即使徒聖約翰。自古相傳《新約聖經》中《約翰一、二、三書》、《約翰福音》及《啟示錄》的作者。

注 20：**聖馬丁**（**Saint Martin of Tours，316？～397**）：高盧人、高盧隱修制度的創始人，也是西方教會隱修制度的倡導人、法國的主保聖人。

注 21：**聖大巴西勒**（**Saint Basil the Great，329？～379**）：古代基督教希臘教父。360 年參加君士坦丁堡教會議，維護三位一體信條，反對阿里烏派（Arians），於 360～390 年間致力維護希臘正統基督教信仰。

注 22：**拉瑪什圖**（**Lamashtu**）：阿卡德的女惡魔。司掌產褥熱與嬰兒的疾病。圖畫中她長著巨大乳房、餵乳給狗與豬，手裡拿著螺貝與梳子。一作拉瑪什（Lamastu）。

注 23：**莉莉杜**（**Lilitu**）：美索不達米亞的惡靈、女淫魔，據說是由風神恩利爾（Enlil）衍生的角色。莉莉杜和聖經的莉莉絲名字酷似，也有許多共通點。旬信莉莉杜是難產而死女性的怨念形成的惡靈。

注 24：**亞妲莉莉**（**Ardat-lili**）：美索不達米亞的女惡魔。旬信聖經所載莉莉絲便反映了亞妲莉莉的部分特徵。是位會隨著風動而出現的蛇尾狼身惡靈，會從窗口潛入住家，有著無底洞般無法滿足的性慾。她會襲擊男性使其無法發展戀情，甚至妨害婚姻。

注 25：**阿斯塔特**（**Astarte**）：腓尼基神話中的豐收女神。來自巴比倫神話的伊施塔。經常被視同為希臘神話中的阿芙柔黛蒂。

注 26：**依南娜**（**Inanna**）：蘇美神話中最重要的一位女神。依南娜又名「妮南娜」（天空的女主人），由此可見在眾神之中位居最高。依南娜一向被視同為金星，曾經以女戰神的身分戰勝山神愛貝夫。不過她是以負責掌管愛情與豐收的生產與生殖女神而聞名。

注 27：**伊施塔**（**Ishtar**）：源自於蘇美神話的依南娜，是愛情與豐收女神。因為伊施塔身上配著弓箭，所以被亞述人尊為戰爭女神。傳說因為伊施塔因為相當於希臘神話的阿芙柔黛蒂，所以巴比倫女性一生中必須昇進神廟裡一次，並與不認識的男性媾和。這時男性必須向這位女性朝腳下投擲錢幣，並說：「我以蜜麗塔（阿芙柔黛蒂的亞述名）之名，向你求愛。」

注 28：**阿芙柔黛蒂**（**Aphrodite**）：愛與美的女神。由被切斷的烏拉諾斯的生殖器，所流出的精子變成海中泡沫所生成。即羅馬神話中的維納斯。

注 29：**《黃金傳說》**（**Golden Legend**）：拉丁語書名「Legenda aurea」或「Legenda sanctorum」。義大利主教雅各・德・佛拉金（Jacobus de Voragine）所著基督教聖人傳記集，約成書於 1267 年。書名並非出自作者本身，而是同時代讀者的命名。在中世紀歐洲隨著聖經一同傳播散布，對歐洲文化、藝術造成很大影響。

注30：**古他（Cuthah）**：今名Tell Ibrahim，位於巴比倫城之北約15公里，是古代一個很重要的城市，可能曾是蘇美王朝的首都，比巴比倫城建立得更早，有兩條河流流經，是一商業重鎮。自1882年始有考古開挖工作，城址高約84公尺，方圓約1公里。

注31：**艾瑞基西格（Erekishgal）**：蘇美神話中，在流過大地的甜水底下，有塊滿是乾燥砂塵的土地，名叫「有去無回的土地」，艾瑞基西格乃支配該處的「死亡女主人」。蘇美神話中女神依南娜的姐姐。

注32：**撒馬利亞（Samaria）**：西元前10世紀以色列王國分裂後，北部十個支派形成北國以色列的首都。

注33：**尼姆魯德（Nimrud）**：即卡拉（Calah）。亞述古城，在伊拉克摩蘇爾以南，1845~1851和1949~1958年兩度發掘。曾發掘出上千件牙雕，多為前9~前8世紀製品，是當前全世界最豐富的牙雕寶藏。

注34：**辛那赫里布（Sennacherib）**：中文聖經中譯作西拿基立。亞述帝國的國王（統治時期：西元前705年～前681年）。他曾經攻占並燒燬了75座城市，擄掠奴隸與財物，並於西元前689年毀壞巴比倫。然而後來他攻打猶大時遇到鼠疫，元氣大傷。

注35：**歐索訥（Auxonne）**：又譯歐克索訥，是法國科多爾省的一個市鎮，位於該省東南部，索恩河左岸，屬於第戎區。

注36：**「小魔羅」**：魔羅乃是煩惱的化身，因此日語向來有以魔羅指稱「煩惱根」亦即「男根」的說法。

注37：**安（An）**：蘇美神話天空的化身，也是恩利爾的父親。巴比倫神話稱為「安努（Anu）」，是神話初期的主神，後來勢力因為恩利爾、馬爾杜克、阿舒爾等神明的陸續出現而大幅衰減。

注38：**恩利爾（Enlil）**：天空之神安與大地女神基所生的神明。出生後，恩利爾為創造替神明勞動人類而與母親基結合。在蘇美與巴比倫神話裡，人類是恩利爾與基這對母子所生下的勞動者。

注39：**馬爾杜克（Marduk）**：巴比倫神話中水神艾阿的兒子，因為領導眾神與海龍蒂雅瑪特對戰，而被視同為眾神之王恩利爾，登上巴比倫神話的主神寶座。馬爾杜克原本是位雙頭太陽神，名字叫作「貝爾」（原意是「主人」），因此也有人稱呼他為「貝爾·馬爾杜克」。除太陽神之外，馬爾杜克還有許多身分，所以他的名字特別多，號稱「擁有五十個名字的神明」。

注40：**阿達布（Adab）**：位於伊拉克尼普爾（Nippur）以南。1903~1904年美國考古學家班克斯（Edgar James Banks）發掘出從史前時期至烏爾 - 納姆（Ur-Nammu）統治時期（西元前2112~ 前2095）的建築物。阿達布的重要地位僅保持到約西元前2000年。蘇美王名系表當中，有個只有一代國王的早期王朝屬於該城。

注41：**恩基（Enki）**：蘇美城市埃里都所信奉的水神，也是巴比倫神話中艾阿的原形，少數幾位創世神之一。恩基擅長淨化，祭祀恩基的時候，祭司們會穿著一身模仿魚類的裝扮。恩基的故事出現在相當於希伯來神話中的「伊甸園」神話裡。在蘇美神話裡，「伊甸園」叫作「地樂門」（Dilmun，或譯「迪爾穆恩」）。

注42：**基（Ki）**：基是蘇美與巴比倫神話中，創世神話裡的大地母神。「基」這個名字在蘇美語的原意是「大地」。

注43：**《創世紀》（Bundahishn）**：音譯《班達希申》。此語原意為「原初的創造」，乃指中世紀波斯蒐羅瑣羅亞斯德教諸多宇宙觀的一部著作。非舊約聖經的《創世記》。

注44：**《阿胡那・法里耶》（Ahuna Vairya）**：瑣羅亞斯德教最重要的祈禱詩。「偉大的瑣羅亞斯德因真誠而被選中，那上界的首領在自己行為的寶庫捍衛人們的善行，復活日之際將其奉獻給馬茲達。馬茲達的天國屬於貧窮百姓的庇護者」。

注45：**《列王紀》（Shahnameh）**：波斯民族的史詩，亦稱《王書》、《列王書》、《諸王書》。由10世紀末及11世紀初期的著名波斯詩人菲爾多西用波斯文所著，記錄從遠古神話時期到7世紀波斯薩珊王朝滅亡這4000多年間波斯帝國的神話傳說和歷史故事，以及50多位帝王的統治。

注46：**環刃（Chakram）**：一種印度傳統兵器。《摩訶婆羅多》和《羅摩衍那》便說毗濕奴持此武器，它是個擁有108個鋸齒邊緣並一直旋轉的圓盤狀武器。

注47：**～門柱裡**：據說半人半獅的那羅希摩是從玄關的門柱蹦出來的。那羅希摩非神非魔非人非獸，而玄關的門柱不是屋內也不是屋外，所以那羅希摩才能殺死希羅尼耶格西布。

注48：**聖仙（Rsi）**：古印度神話中的仙人。聖仙離世索居，住在山林草庵裡，樹皮為衣，蓄有長髮。他們經過極艱辛的苦行才習得神通力，能夠使用騰空飛行、一目千里、操縱山林幽鬼、控制天候等各種法術。

注49：**縛嚕拏（Varuna）**：亦譯「伐樓拿」。自然界的秩序及人類世界的秩序，都是由縛嚕拏神所護持的天則（Rita）和法規（Vrata）所維持。縛嚕拏是監視人們、施予懲罰的嚴酸司法神，同時也是位水神。

注50：**因陀羅（Indra）**：古印度的雷神。全身閃耀著赤銅色光芒，駕駛著雙馬拖曳的戰車，手持金剛杵（＝雷），帶著象徵暴風的暴風雨諸神，在空中四處馳騁。

注51：昌迪伽（**Chandika**）：難近母突迦（Durga）的三個化身之一。

注52：帕瓦娣（**Parvati**）：可意譯為「雪山神女」，亦稱「喜馬拉雅山之女」。她美麗、溫柔，愛上了在雪山修苦行的濕婆。因陀羅派愛神去引誘濕婆愛帕瓦娣，觸怒了濕婆，被他用第三隻眼睛的神火燒毀。以後帕瓦娣修了千年苦行，終於成為濕婆的妻子。

注53：來孫：玄孫之子。後代子孫各輩名稱為：子、孫、曾、玄、來、晜、仍、雲、耳。

注54：楞迦島（**Lanka**）：即斯里蘭卡。據《薄伽梵往世書》載，從前風神梵由將彌樓山的山峰切下後投入海中，形成了一座島嶼，便是楞迦。

注55：達羅毗荼人（**Dravidian people**）：亦譯「德拉維達人」，是南亞次大陸上以達羅毗荼系語言為母語的種族，人口超過兩億，大多分布在印度南部，約占印度人口的25%，其餘分布在中印度、斯里蘭卡、孟加拉、尼泊爾、巴基斯坦和伊朗東南等地。

注56：《溫莎的風流婦人》（**The Merry Wives of Windsor**）：莎士比亞的喜劇，句信著作時間應該早於1597年，首次出版於1602年。描寫貪財好色的胖騎士法斯塔夫看中了福德太太和佩芝太太，兩位聰明的婦人發現後，開始一連串整人計畫，藉機整整愛吃飛醋的先生，也讓法斯塔夫在眾人面前出醜。

注57：《亨利五世》（**Henry V**）：莎士比亞的歷史劇，據考證作於1599年。故事基於英格蘭亨利五世國王的人生，著重描寫百年戰爭期間阿金庫爾戰役的前後事件。

注58：鹿頭鳥（**Peryton**）：傳說中的大陸亞特蘭提斯上的一種怪鳥。牠的身體與翅膀是鳥類，而頭部與腳部則是鹿。牠沒有自己的影子，受光照射映出的是人影，但每殺死一個人類就能取回自己原本的影子，因此鹿頭鳥總是積極地殺人。

注59：阿斯克勒庇俄斯（**Asclepius**）：阿波羅與人類科羅尼絲（Coronis）所生的兒子。拜羅尼絲懷孕時背叛阿波羅嫁給另一個男子，觸怒阿波羅因而遭到射殺，後來阿波羅從科羅尼絲的子宮救出嬰兒、交給半人半馬的智者喀戎撫養，這孩子就是阿斯克勒庇俄斯。他從喀戎那裡學會各種醫術而成為醫藥之神。阿斯克勒庇俄斯的聖物是蛇；蛇代表著治癒能力，同時也是阿斯克勒庇俄斯的化身。

注60：獅身鳥首獸（**Griffin**）：神話中的複合怪物，有獅身（有時有翼）和鳥頭，通常為鷲頭。此怪物是古代近東和地中海國家喜愛的裝飾物。可能於西元前二千紀起源於黎凡特，西元前14世紀已傳遍西亞、進入希臘。

注61：哈梅爾的《吹笛人》（**Pied Piper of Hamelin**）：又譯《花衣魔笛手》，是源自德國的民間故事。故事講述德國的哈梅爾村鼠滿為患，有個外地人自稱能捕鼠，他以重金酬謝為前提，吹笛將鼠群趕入河內淹死，事後村民卻不願支付酬勞，吹笛人便吹笛將村裡的孩子趕進山洞中活活困死。

注62：巴勒（**Balor**）：此處採《西洋神名事典》譯名，《惡魔事典》譯作「巴羅爾」。

注63：堤豐（**Typhon**）：希臘神話中姬亞和塔爾塔羅斯最小的兒子。在神話中他被描繪成一個可怕的魔鬼，長著100個龍頭。宙斯把他打敗並投入冥界。他跟妻子厄喀德那（Echidna）生出看守地獄的三頭狗刻耳柏洛斯（Cerberus）、勒納地方的九頭水蛇許德拉（Hydra）和噴火怪物喀邁拉（Chimera）。

注64：阿佩普（**Apep**）：即阿波菲斯（Apophis）。埃及神話中太陽神拉（Ra）的宿敵，是一頭巨蛇。他會在象徵太陽運行的太陽神航程中半路殺出阻撓，但最後都被化身為貓或獅子的拉打敗。後期神話中，對抗阿波菲斯的角色改由塞特（Seth）擔任，但自從第二十六王朝塞特被視為邪惡神明以後，塞特與阿波菲斯逐漸被視為相同的存在。

注65：清潔派（**Cathari**）：主張人類乃是撒旦用黏土捏出模樣，然後將天使的靈魂封於其中所創。亦稱「卡特里派」。中世紀（12世紀）流傳於歐洲地中海沿岸各國的基督教異端教派。常泛指受摩尼教影響而相信善惡二元論的各教派。在東歐以鮑格米勒派為代表；在西歐以阿爾比派為代表。這些教派都強調持守「清潔」（希臘文Katharos），反對腐化，因而得名。多流行於下層群眾中。

注66：波露得妮查（**Poloudnitza**）：俄國北部守護原野與麥田的女精靈。住在原野上，會懲罰在田野裡搗亂的人。

注67：白鬍仙（**Lechy**）：音譯作「萊西」。住在斯拉夫森林裡的精靈。純白的頭髮與長鬚遮住了臉和身體，個頭十分矮小，手腳瘦弱。會在森林中找人攀談引誘他們走進森林深處而迷路。

注68：否狄阿諾伊（**Vodianoi**）：棲息於俄國河川的男性水妖。長滿鬍鬚的蛙頭怪物，露出水面的上半身與海豹沒有兩樣，通常會待在水車小屋或水門旁等人來玩水，然後把人拉進水裡溺斃。

注69：羅莎卡（**Rousalka**）：俄國河川或泉水裡的女性水精靈，由溺死在河裡的人類少女所變成。外型為藍白色病懨懨的長髮美女，會用她的魅力誘惑河邊男子，將之拉進河中。

注70：過路惡魔：亦作「過路魔」。趁機附身於發呆忘神者的身上、惑亂心神的日本妖怪。見於《世事百談》、《古今雜談思出草紙》等江戶時代隨筆集。現代日本也會將毫無理由便殺人者稱作「過路魔」，可見從前便將此類行為歸咎於這種惡魔。

注71：《阿維斯陀》，也譯作《波斯古經》、《阿維斯塔》，是瑣羅亞斯德教的經典，記述伊朗的宗教神話、讚歌、禮儀、戒律、民族起源、歷史、民間傳說、英雄史詩等內容。對天使、魔鬼的描述以及其末世觀念和末日審判等之說，影響當時的猶太教，因為基督教所繼承。

注72：《丹伽爾特》（Denkart）：意譯為《宗教行事》。瑣羅亞斯德教的後期經典，九世紀成書，共九卷。第一第二卷已散佚，第三卷論道德問題，第四卷為哲學和教義史，第五卷為以伊朗民族為中心的人類史，第六卷道德教訓集，第七卷瑣羅亞斯德的傳記，第八第九卷是《波斯古經》二十一卷本的摘要。

注73：烏加里特（Ugarit）：古代迦南人的城市，位於敘利亞北部的地中海沿岸，北距拉塔基亞10公里，坐落在一個人工建造的小山丘拉斯夏馬拉（Ras Shamra）。1929年，法國一個考古發掘隊首先發現該城遺址。烏加里特最繁榮的黃金時代約在西元前1450~前1200年。前1200年以後，烏加里特的黃金時代結束，其衰微跟從北方和海上來的民族入侵有關，也可能跟地震和災荒有關。

注74：艾奇德娜（Echidna）：上半身是美女、下半身是蛇的怪物。艾奇德娜這名字的意思就是「蛇」。生下許多知名怪物，廿三頭獸蓋美拉（Chimera）、三頭犬含惹狼如斯（Cerbcrus）、水蛇海德拉（Hydra）、犬怪俄耳托斯（Orthrus）等。

注75：俄爾甫斯教（Orphism）：希臘祕傳宗教。據傳教祖為俄爾甫斯，出現於前7至前6世紀。信仰人具有「屬天」的「神性」及「屬地」的「魔性」，將死後果報和靈魂轉生的觀念引進希臘。近人認為，是對原始野蠻的酒神崇拜的一種改良，使它從狂熱的肉體沉醉和縱慾提升為精神上的滿足。後期的希臘哲學，尤其是柏拉圖主義和新柏拉圖主義，以及基督教，在某些方面曾受其影響。

注76：亞圖姆（Atum）：赫利奧波利斯地方神話中的創世之神。亞圖姆的原意是「全能者」。神話中亞圖姆是從一個叫作努的混沌海洋中浮出，變成小島，然後從島上創造出九位主要神明。亞圖姆非常類似中東地區一神教裡的神明，是位獨一無二的「原始存在者」。

注77：拉（Ra）：拉是古埃及最具權勢的太陽神。祂有時是位頭頂太陽圓盤的男性，有時則是隼頭人身的模樣。拉是擁有偉大力量的眾神之王，也是法老們奉為父親的皇權理論根據。阿蒙（Amun）等新興神祇崛起以後，拉逐漸被視為年老無用的神明，祂索性將寶座讓給透特（Thoth）離開凡間。

注78：阿蒙（Amun）：埃及舉國崇拜的至高神。祂原本只是底比斯的地方神祇，直到中王國時代（西元前2055~1650年）底比斯貴族成為法老以後，阿蒙方才成為古埃及王國的主神。阿蒙的名字有「隱藏者」的涵意，其真正形象如何不得而知，不過埃及人通常將阿蒙描繪成頭戴插著兩支羽毛的無簷帽的男性，有時亦作公羊頭人身的男性形象。這位神明是透過與眾多有力神明一次又一次的習合，才得以在古埃及宗教界擁有久久不墜的強烈影響力。

注79：阿蒙·拉（Amun-Ra）：由底比斯至高神阿蒙與太陽神拉習合而成的神格。是古埃及最有權力的神祇，其神官團的權勢甚至與法老相去不遠。

注80：《胡內弗爾之書》（**Papyrus of Hunefer**）：流傳至今的一部《死者之書》，因其主人叫作胡內弗爾，故名。胡內弗爾生前是法老塞提一世的書記官，主司祭祀以及看護用於犧牲的牛群。所謂《死者之書》是古埃及舉行葬禮時用來陪葬的文件。可以記錄在紙莎草紙（Papyrus）上，或是用叫做聖書體（Hieroglyph）的象形文字刻在墓室牆上。各時代的做法不同，古王國時代將死者之書刻於墓室牆上，中王國時代多刻在棺木上，新王國時代則以紙莎草紙書寫作為陪葬品。此外，有時死者之書除文字以外，還會夾雜描繪死後世界的圖畫。

注81：**奧賽利斯**（**Osiris**）：埃及的冥界之神，是位頭戴白色頭冠或阿特夫冠（Atef Crown）的男性，有時亦作木乃伊打扮。據傳奧賽利斯乃由凡間的君王神格化而成，是傳授農耕與文明教化人類的豐饒神。但是奧賽利斯就在逐漸被赫利奧波利斯神話吸收、跟天空之神霍露斯（Horus）神話結合的過程中，被賦予已故先王的神格、演變為冥界之神。在這則神話裡，奧賽利斯遭胞弟塞特（Seth）殺害後，在妻神伊西斯（Isis）等諸神的犧牲奉獻與多方奔走下終得復活。

注82：**奧丁**（**Odin**）：奧丁是北歐神話的主神，也是阿薩神族之王。其父親是原始神明布利的兒子包爾，母親則是巨人族女子貝絲特拉。奧丁曾經夥同他的兄弟威利和菲，共同打倒了巨人族的始祖伊米爾，然後創造出世界和最早的人類，亞斯克和恩布拉。

注83：**洛基**（**Loki**）：洛基是主神奧丁的表兄弟。他並非北歐人所信奉的神明，而是負責傳承神話的詩人所核意杜撰的角色。洛基屬於與眾神敵對的巨人族，但因為他外形俊美而得以和眾神同住、並成為阿薩神族的一員。洛基的個性奸詐狡猾，擅長謀略算計，變化莫測。

注84：**伊弗利特**（**Ifrit**）：阿拉伯的精靈鎮尼之一。鎮尼階級分為五階，伊弗利特為從上數來第二階的總稱，與小鬼、鬼神之類的精靈類似。

注85：《太甫綏魯》（**Tafsir**）：阿拉伯文 Tafsir 的音譯，「注釋」之意，後專指對《可蘭經》的注釋。注釋來源有三：傳聞注釋（依據穆罕默德弟子對其言行的傳述）、意見注釋（憑藉經注家個人見解）、基督教式或猶太教式注釋（皈依伊斯蘭教的基督教徒或猶太教徒以其原信宗教的神話、傳說所作的注釋）。

注86：**魯納文字**（**Runes**）：基督教傳入北歐前，古日耳曼民族多神教社會中使用的咒術文字。

注87：**聖奧古斯丁**（**Aurelius Augustinus**，354～430）：亦稱希波的聖奧古斯丁（Saint Augustine），拉丁原名為奧利留斯·奧古斯提努斯。396～430 年任羅馬帝國非洲希波主教，是當時西方教會中心的主要人士，公認為古代基督教會最偉大的思想家。

注88：**西拜德**（**Thebaid**）：古埃及的一個地區，包括從阿拜多斯到亞斯文的上埃及最南端的 13 個州。

注89：拉比（Rabi）：猶太教的聖職者。嚴格來講雖然不盡相同，可將拉比視為與牧師或神父相似的角色。

注90：薩滿（Shaman）：所謂薩滿就是指具備「與靈存在交流、交感之能力」者。此字源自於西伯利亞通古斯族（Manchu-Tungus）的咒術師「Saman」。此字經過許多民族學家、人類學家的廣泛使用，已經成為透過與靈之間的交涉完成宗教職務者的典型用例，是以早已失去原本的狹義意涵，變成用來指稱具備交靈能力者的廣義用語。

注91：摩尼教（Manichaeism）：舊譯明教、明尊教、末尼教、牟尼教。3世紀在波斯由摩尼（Mani）所創始的宗教運動。摩尼在當時以「光明使者」及至高的「啟蒙者」著稱。摩尼教雖然長久以來都被當作基督教的一支異端，然而由於其教義融貫，結構和組織嚴正，以及它自始至終所保有統一性和獨特性，它仍然是一種宗教。

注92：阿里烏派（Arianism）：古代基督教神學學說。反對三位一體教義，主張聖子耶穌是人，不是神，係由上帝所造，其品級低於上帝。反對教會佔有財富，尤其是佔有大量田產，遭到正統教會的仇視。325年被尼西亞公會議斥為異端，但得到下層群眾的擁護。

注93：亞大納西派：基督教當中由亞歷山卓的亞大納西領導的支派，主張聖子由聖父所生，而非被聖父所創造；聖子與聖父同性同體。與阿里烏派在三位一體的教義問題上頗有論戰。

注94：韋爾多派（Waldenses）：亦稱「里昂窮人派」。中世紀西歐基督教的一個派別。十二世紀後期產生於法國南部。相傳由法國里昂富商韋爾多捐獻財產濟貧傳教而創立，故名。主張恢復早期基督教會的習俗，否定許多教會禮儀和正統教義。認為教會對拯救信徒靈魂沒有什麼特殊作用。

注95：聖別：基督教為某些神聖用途，會藉由儀式來潔淨人或物，以與普通世俗的用途區別。

注96：聖帶（Stola）：基督教、天主教和東正教等基督宗教神職人員（主教、牧師、神父、執事等）在舉行儀式或參與宗教禮儀時披戴的一件衣飾，大約長2.5～3米，寬7～10mm，末端較寬。教會年曆中，不同節期會有不同禮儀顏色的聖帶。

注97：法政牧師（Canon）：聖公宗與天主教的教會神職榮銜，因為現今角色的不同，羅馬天主教翻作詠禱司鐸團。是主教可依教會傳統任命的榮譽職份，職責無清楚界定，有解釋教會神學法規，並保衛教會教義的權威。

注98：黎塞留（Richelieu，1585～1642）：法國路易十三世的首席大臣，也是黎塞留地方的樞機主教，綽號紅衣主教（The Red Eminence，法語作 L'eminence Rouge）。

注99：**主教座堂（Cathedral）**：或稱主教大堂。源自希臘文Kathedra，原意為「座位」。因堂內置有主教的座位，故名。在實行主教制的教會中，一般每一教區皆有主教座堂，且僅有一所，而居全區各教堂之首。有些主教座堂還有專門的教士組織，稱「教士團」（拉丁文Capitulum）。

注100：**第三會（Third order）**：天主教及部分保有修會制度的基督教新教教會中有從屬於一特定修會，且有別於所謂的第一會（男性修會）及第二會（女性修會）的團體，又稱為在俗會。其成員由認同修會宗旨的平信徒或是教區司鐸組成，他們與第一、第二會成員的差異在於他們沒有發聖願，但是有發誓遵守於其所設的規範。某些修會如方濟各會，則有由修道士所組成的正規第三會。

注101：**亞當派（Adamites）**：早期基督教的一派。2世紀出現於北非。主張恢復《聖經》所載的亞當犯罪前所處的無罪境地，舉行禮拜時完全裸體；認為為了不使原罪遺傳下去，應取消婚姻，但有傳說他們實行亂交。13世紀在奧地利、荷蘭以及於15世紀在波希米亞與莫拉維亞出現的類似教派，也有被稱作「亞當派」者。

注102：**絕罰（Excommunicatio）**：原意為「斷絕往來」。天主教會給予神職人員和教徒的一種處分。按天主教神學所說，受此處分者死後不能升天。在中世紀歐洲，遭絕罰者無人能同他來往，教皇曾以此對付世俗帝王。

注103：**曼陀羅根（Mandoragora）**：根部末端分叉為兩股的植物，相傳是死刑犯死時流出的精液滋生而成。根部長成人形。曼陀羅根的根自古便被當作魔藥的材料與春藥。也有書籍說它是毒藥、安眠藥。

注104：**黑帝茲（Hades）**：希臘神話中的死者國度之王。克羅諾斯與莉亞之子。他擄走了泊瑟芬，並娶其為妻。

注105：**法蘭德斯（Flanders）**：又譯佛蘭德，是比利時西部的一個地區。傳統意義的「法蘭德斯」亦包括法國北部和荷蘭南部的一部分。

注106：**約爾孟甘德（Jormungand）**：導致眾神滅亡的怪物。其名意為「大地的帶子」，不過因為被奧丁拋到海裡，結果在那裡成長茁壯，最後甚至成長到能將整個人類世界米德加爾德（Midgard）環繞的程度，因此亦稱作「米德加爾德之蛇」。眾神與巨人的最後戰爭開始後，約爾孟甘德第一次由海底爬上陸地，與芬里爾共同戰線、對諸神的軍隊發動攻勢。最後約爾孟甘德雖然被托爾打倒，但是托爾也因為中了約爾孟甘德的毒而喪命。

注107：**海爾（Hel）**：北歐神話中少數擁有較大權力的女神之一。海爾的父親是屬於阿薩神族卻擁有純正巨人族血統的洛基，母親則是巨人族女子安格爾伯達。洛基的三個兒女號稱「不幸三兄妹」，海爾就是其中之一。海爾的哥哥分別是巨狼芬里爾和大海蛇約爾孟甘德。

注108：**歐什（Auch）**：法國西南部城市，奧克西塔尼大區熱爾省的市鎮，也是該省省會和人口最多城市。

注109：**《塔木德》（Talmud）**：猶太教口傳律法集，乃該教僅次於《聖經》的主要經典。中世紀歐洲對這部律法集的研究非常活躍。此書內容不僅講律法，且涉及天文、地理、醫學、算術、植物學等方面。

注110：**胡格諾派（Huguenots）**：16～17世紀法國基督教新教徒形成的派別。主要成員為反對國王專制、企圖奪取天主教會地產的新教封建顯貴和地方中小貴族，以及力求保存城市自由的市民階級和手工業者。

索引

參考文獻

《悪魔学大全》　　　　　　　　　　ロッセル・ホープ・ロビンズ(著)／松田和也(訳)／青土社

《悪魔事典》　　　　　　　　　　　　　　山北篤、佐藤俊之(監修)／新紀元社

《悪魔の事典》　　　　　　　　　　　フレッド・ゲティングズ(著)／大瀧啓裕(訳)／青土社

《悪魔の姿　絵画・彫刻で知る堕天使の物語》
　　　　　　　　　　　　ローラ・ヲード、ウィル・スティーズ(著)／小林純子(訳)／新紀元社

《イスラーム・シンボル事典》
　　　　　　　　　　マレク・シェベル(著)／前田耕作(訳)／甲子雅代(監訳)／明石書店

《ヴィジュアル版　天国と地獄の百科　天使・悪魔・幻視者》
　　　　　　　　　　ジョルダーノ・ベルティ(著)／竹山博英・柱本元彦(訳)／原書房

《エクソシストとの対話》　　　　　　　　　　　　　　島村菜津(著)／講談社

《王書　ペルシア英雄叙事詩》　　　　フィルドゥスィー(著)／黒柳恒男(訳)／東洋文庫

《王書　古代ペルシアの神話・伝説》　フェルドウスィー(著)／岡田恵美子(訳)／岩波文庫

《神曲》　　　　　　　　　　　　　ダンテ・アリギエリ(著)／原基晶(訳)／講談社

《神の文化史事典》　　　　　　　　村上一男、平藤喜久子、山田仁史(編)／白水社

《ゲーティア　ソロモンの小さき鍵》
　　　　　　　　　　アレスター・クロウリー(編)／松田アフラ(訳)／魔女の家BOOKS

《幻想世界の住人達II》　　　　　　　　　健部伸明と怪兵隊(著)／新紀元社

《原典訳　アヴェスター》　　　　　　　　　　伊藤義教(訳)／筑摩書房

《コーラン　上・中・下》　　　　　　　　　　井筒俊彦(訳)／岩波書店

《地獄の辞典》　　　　　コラン・ド・プランシー(著)／床鍋剛彦(訳)／吉田八岑(協力)／講談社

《失楽園　上・下》　　　　　　　　ジョン・ミルトン(著)／平井正穂(訳)／岩波書店

《シュメル神話の世界　粘土板に刻まれた最古のロマン》
　　　　　　　　　　　　　　　　岡田明子、小林登志子(著)／中央公論新社

《図解　悪魔学》　　　　　　　　　　　　　　　草野巧(著)／新紀元社

《図解雑学　世界の天使と悪魔》　　　　　　　藤巻一保(監修)／ナツメ社

《図解魔導書》　　　　　　　　　　　　　　　　草野巧(著)／新紀元社

《図解天使百科事典》　　　　ローズマリ・エレン・グィリー(著)／大出健(訳)／原書房

《聖アントワーヌの誘惑》　　　　　　フローベール(著)／渡辺一夫(訳)／岩波書店

《聖書外典偽典1~7・別巻》　　　　　　　　　　　　　　　　　教文館

《世界の神話5ペルシアの神話》　　　　　　　岡田恵美子(著)／筑摩書房

《世界文学全集第1巻　ダンテ＝神曲》　ダンテ・アリギエーリ(著)／平川祐弘(訳)／河出書房新社

《全訳　バーガヴァタ・プラーナ　クリシュナの物語(上・中・下)》
　　　　　　　　　　美莉亜(訳)／ブイツーソリューション(発行)／星雲社

《ゾロアスター教の悪魔払い》　　　　　　　　岡田明憲(著)／平河出版社

《天国と地獄の事典》　　　　ミリアム・ヴァン・スコット(著)／奥山倫明(監修)／原書房

《天使辞典》　　　　　　グスタフ・デイヴィッドスン(著)／吉永進一(監訳)／創元社

《「天使」と「悪魔」がよくわかる本》　　　　　　　　造事務所(編)／吉永進一(監修)／PHP文庫

《天使と悪魔　美術で読むキリスト教の深層》　　　　　　　　　　秦剛平(著)／青土社

《天使の事典　バビロニアから現代まで》
　　　　　　　　　ジョン・ロナー(著)／鏡リュウジ・宇佐和通(訳)／柏書房

《ドレの新約聖書》　　　　　　谷口江里也(訳・構成)／ギュスターヴ・ドレ(画)／宝島社

《中村屋のボースが語る　インド神話ラーマーヤナ》
　　　　　　　　　　　　　　　ラス・ビハリ・ボース、高田雄種(著)／書肆心水

《日亜対訳クルアーン[付]訳解と正統十読誦注解》
　中田孝(監修)／中田香織・下村佳州紀(訳)／松山洋平[付]訳)／黎明イスラーム学術・文化振興会(責任編集)／作品社

《バニヤン　天路歴程》　　　　　　　　　　　　　　池谷敏雄(訳)／新教出版社

《ヒンドゥー教の聖典　二編　ギータ・ゴーヴィンダ　ディーヴィー・マーハートミャ》
　　　　　　　　　　　　　　　小倉泰、横地優子(訳注)／平凡社

《ファウスト(一・二)》　　　　　　　　　　　ゲーテ(著)／高橋義孝(訳)／新潮社

《文語訳旧約聖書1〜4》　　　　　　　　　　　　　　　　　　　　岩波書店

《メソポタミアの神々と空想動物》　　　　アンソニー・グリーン(監修)／山川出版社

《萌える！悪魔事典》　　　　　　　　　　　　　TEAS事務所(著)／ホビージャパン

《萌える！ソロモン72柱の魔神事典》　　　　　　TEAS事務所(著)／ホビージャパン

《ヨハネの黙示録》　　　　　　　　　　　新約聖書翻訳委員会(訳)／岩波書店

《ロシアの妖怪たち》　　　　　　　　斎藤君子(著)／スズキコージ(画)／大修館書店

譯者參考文獻

《宗教辭典》（上下）任繼愈主編／博遠出版社／1989年
《失樂園》密爾頓著／桂冠圖書／1994年
《墮天使事典》真野隆也作／沙子芳譯／尖端出版
《盧丹的惡魔》阿道司・赫胥黎著／莊蝶庵譯／北京時代華文書局
《坎特伯雷故事》杰弗里・喬叟著／黃杲炘譯／上海譯文出版社
《惡魔事典》山北篤・佐藤俊之監修／高胤喨・劉子嘉・林哲逸合譯／奇幻基地／2003
《魔導具事典》山北篤監修／黃牧仁・林哲逸・魏煜奇合譯／奇幻基地／2005年
《圖解錬金術》草野巧著／王書銘譯／奇幻基地／2007年
《西洋神名事典》山北篤監修／鄭銘得譯／奇幻基地／2004年
《東洋神名事典》山北篤監修／高詹燦譯／奇幻基地／2005年
《埃及神名事典》池上正太著／王書銘譯／奇幻基地／2008年
《魔法・幻想百科》山北篤監修／王書銘・高胤喨譯／奇幻基地／2006年
《幻獸事典》草野巧著／林哲逸譯／奇幻基地／2010年

（監修者介紹）
【監修】
健部伸明（たけるべ・のぶあき）
1966年出生於青森縣。1980年代中期參加ORG株式會社，參與新日版《龍與地下城》翻譯。同時期擔任CB's有限公司專案的草創會員、執筆編纂多部遊戲攻略本與遊戲書。專攻北歐神話、怪獸學、生物學、宇宙論等。從電腦遊戲和桌上遊戲相關書籍的創作、遊戲設計、神話奇幻相關著作翻譯一直到電影評論等、活躍於各種領域。
主要著書：
《幻獸大全Ⅰ　モンスター》(新紀元社)、《幻獸世界的住人たちⅡ》(共著・新紀元社)、《幻獸ドラゴン大図鑑》(監修・カンゼン)、《幻獸最強王図鑑》(監修・學研)

聖典系列 048

幻想惡魔圖鑑

原 著 書 名／幻想惡魔大図鑑
作　　　者／健部伸明監修
譯　　　者／王書銘
企 劃 選 書 人／張世國
責 任 編 輯／張世國

發 行 人／何飛鵬
副 總 編 輯／王雪莉
業 務 經 理／李振東
行 銷 企 劃／陳姿億
資深版權專員／許儀盈
版權行政暨數位業務專員／陳玉鈴
法 律 顧 問／元禾法律事務所　王子文律師
出版／奇幻基地出版
　　　台北市 115 南港區昆陽街 16 號 4 樓
　　　電話：(02)2500-7008　　傳眞：(02)2502-7676
　　　網址：www.ffoundation.com.tw
　　　e-mail：ffoundation@cite.com.tw
發行／英屬蓋曼群島商家庭傳媒股份有限公司城邦分公司
　　　台北市 115 南港區昆陽街 16 號 8 樓
　　　書蟲客服務專線：(02)25007718．(02)25007719
　　　24 小時傳眞服務：(02)25170999．(02)25001991
　　　服務時間：週一至週五09:30-12:00．13:30-17:00
　　　郵撥帳號：19863813　　戶名：書蟲股份有限公司
　　　讀者服務信箱 E-mail：service@readingclub.com.tw
　　　歡迎光臨城邦讀書花園 網址：www.cite.com.tw
香港發行所／城邦（香港）出版集團有限公司
　　　香港灣仔駱克道 193 號 1 東超商業中心 1 樓
　　　電話：(852) 2508-6231 傳眞：(852) 2578-9337
馬新發行所／城邦（馬新）出版集團
　　　【Cite(M)Sdn. Bhd.(458372U)】
　　　11, Jalan 30D/146, Desa Tasik,
　　　Sungai Besi, 57000 Kuala Lumpur, Malaysia.
　　　電話：603-9056-3833　　傳眞：603-9056-2833

封面版型設計／邱哥工作室
排　　　版／極翔企業有限公司
印　　　刷／高典印刷有限公司
■2021 年 1 月 5 日初版一刷
■2024 年 9 月 9 日初版2刷

售價／650元

國家圖書館出版品預行編目資料

幻想惡魔圖鑑 / 健部伸明監修；王書銘譯 一初
版─ 臺北市：奇幻基地，城邦文化出版；家庭
傳媒城邦分公司發行；2021.01(民110.01)

面：公分. ─（聖典系列：48）
譯自：幻想惡魔大図鑑（精裝）
ISBN　978-986-99766-1-9（精裝）

1.神學 2.基督教 3.通俗作品

242.5　　　　　　　　　　　　109018141

GENSOAKUMADAIJITEN
Supervised by Nobuaki Takerube
Copyright © Live, 2019
All rights reserved.
Original Japanese edition published by KANZEN CORP.
Traditional Chinese translation copyright © 2021 by
Fantasy Foundation Publications,a
Division of Cite Publishing Ltd.
This Traditional Chinese edition published by arrangement
with KANZEN CORP. Tokyo,
through HonnoKizuna, Inc., Tokyo, and Future View
Technology Ltd.
All Rights Reserved.

城邦讀書花園
www.cite.com.tw

104台北市民生東路二段141號11樓

英屬蓋曼群島商家庭傳媒股份有限公司城邦分公司 收

請沿虛線對摺，謝謝

每個人都有一本奇幻文學的啟蒙書

奇幻基地粉絲團： http://www.facebook.com/ffoundation

書號：1HR048C　　　書名：幻想惡魔圖鑑

讀者回函卡

謝謝您購買我們出版的書籍！請費心填寫此回函卡，我們將不定期寄上城邦集團最新的出版訊息。

姓名：＿＿＿＿＿＿＿＿＿＿＿＿＿＿＿＿＿＿＿＿　性別：□男　□女

生日：西元＿＿＿＿＿＿＿＿年 ＿＿＿＿＿＿＿＿月＿＿＿＿＿＿＿＿日

地址：＿＿＿＿＿＿＿＿＿＿＿＿＿＿＿＿＿＿＿＿＿＿＿＿＿＿＿＿＿＿＿

聯絡電話：＿＿＿＿＿＿＿＿＿＿＿＿　傳真：＿＿＿＿＿＿＿＿＿＿＿＿＿

E-mail ：＿＿＿＿＿＿＿＿＿＿＿＿＿＿＿＿＿＿＿＿＿＿＿＿＿＿＿＿＿

學歷：□1.小學 □2.國中 □3.高中 □4.大專 □5.研究所以上

職業：□1.學生 □2.軍公教 □3.服務 □4.金融 □5.製造 □6.資訊

□7.傳播 □8.自由業 □9.農漁牧 □10.家管 □11.退休

□12.其他＿＿＿＿＿＿＿＿＿＿＿＿＿＿＿＿＿＿＿＿＿＿＿＿

您從何種方式得知本書消息？

□1.書店 □2.網路 □3.報紙 □4.雜誌 □5.廣播 □6.電視

□7.親友推薦 □8.其他＿＿＿＿＿＿＿＿＿＿＿＿＿＿＿＿＿

您通常以何種方式購書？

□1.書店 □2.網路 □3.傳真訂購 □4.郵局劃撥 □5.其他

您購買本書的原因是（單選）

□1.封面吸引人 □2.內容豐富 □3.價格合理

您喜歡以下哪一種類型的書籍？（可複選）

□1.科幻 □2.魔法奇幻 □3.恐怖 □4.偵探推理

□5.實用類型工具書籍

對我們的建議：＿＿＿＿＿＿＿＿＿＿＿＿＿＿＿＿＿＿＿＿＿＿＿

＿＿＿＿＿＿＿＿＿＿＿＿＿＿＿＿＿＿＿＿＿＿＿＿＿＿＿＿＿＿＿＿＿

＿＿＿＿＿＿＿＿＿＿＿＿＿＿＿＿＿＿＿＿＿＿＿＿＿＿＿＿＿＿＿＿＿